KB120009

다정하게 때로는 단호하게

다정하게 때로는 단호하게

초 판 1쇄 2023년 02월 13일

지은이 김아름
펴낸이 류종렬

펴낸곳 미다스북스
총괄실장 명상완
책임편집 이다경
책임진행 김가영, 신은서, 임종익, 박유진

등록 2001년 3월 21일 제2001-000040호
주소 서울시 마포구 양화로 133 서교타워 711호
전화 02) 322-7802~3
팩스 02) 6007-1845
블로그 http://blog.naver.com/midasbooks
전자주소 midasbooks@hanmail.net
페이스북 https://www.facebook.com/midasbooks425
인스타그램 https://www.instagram/midasbooks

ISBN 979-11-6910-151-6 03190

값 **16,500원**

미다스북스는 다음세대에게 필요한 지혜와 교양을 생각합니다.

Life   Time   Mental   Relation   Work   Habit

다정하게

때로는

단호하게

**굳건하고
온전하게
나를 키워가는 법**

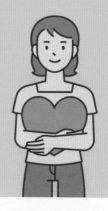

김아름 지음

내 삶을 나답게 지켜나가는 라이프 루틴

미다스북스

2회 차가 없는 삶을 열심히 살아가면서 모두가 자신만의 노하우를 만들어낸다. 특히나 큰 성공을 거둔 사람들의 노하우에는 모두가 관심이 많아 뉴스로, 책 등 다양한 방법으로 알려지고 많은 사람들이 이를 공유한다.

그렇지만 세상에는 아주 다양한 상황 속, 각기 다른 사람들이 존재하고 이들을 무 자르듯이 성공한 사람과 실패한 사람으로 나누기는 굉장히 어렵다. 한 순간에 인생역전을 하는 사람이 있는가 하면, 처음에는 성공했다가 어느 순간 실패의 나락으로 떨어져 성공과 실패가 순식간에 변하는 일이 비일비재한 것이 현실이니까― 이뿐인가 갑자기 사고를 당하는 사람도, 뜻하지 않게 행운을 맞이하는 사람도 있으니 '성공'이라는 그 기준을 어디에 둘지, 어느 범위까지를 나눌지 가늠 자체가 불가능하기 때문이다. 굉장한 성공과, 처절한 실패 사이 회색지대의 다양한 곳곳에 무수한 사람들이 존재한다.

지금의 나는 자신 있게 성공했다고 말할 수는 없다. 그렇지만, 실패했다고도 생각하지 않는다. 살아 있는 한 기회는 계속 주어지고 그 결과는 지금의 상황만으로 섣불리 판단할 수 있는 것은 아니라고 생각하기 때문이다.

의지로 태어난 것은 아니지만, 어쨌든 세상에 나온 이상 그 '존재의 의미'를 찾고, 유일한 '나'로 한 인간의 몫을 하는 것을 목표로, 주어진 나를 온전히 지켜내면서, 그리고 좀 더 나아지려고 노력하면서 살아가고 있다.

다양한 시행착오를 거쳐 만들어낸 삶의 방식과 노하우를, '누군가는 굳이 힘들게 경험하지 않도록 알려준다면 조금이나마 도움이 되지 않을까?'라는 생각에 이 글을 쓰기 시작했다. 금수저도, 천재도 아닌 평범한 사람이지만, 여러 가지 시련과 도전, 그 만큼의 실패를 거치면서도 굳건히 살아온, 그리고 잘 살아오고 있는 내 방식이 오히려 나와 비슷한, 회색지대의 많은 사람들에게는 더욱 필요한 것일 수도 있으니까 말이다.

무언가를 제대로 익히려면 누군가를 '가르치는 것'이 가장 효과적이라고 했다.

이 글을 쓰는 것이 나 자신의 노하우를 더욱 잘 갈고 다듬는 계기가 될 것이다.

또한 이 책의 궁극적인 목적, 자신의 삶의 방향을 고민 중인 누군가에게 이 글이 작은 도움 혹은 위로와 격려가 되기를 바란다.

Life   Time   Mental   Relation   Work   Habit

1장

나를 진정한

'삶의 중심'으로

만들어준 방법

: 미니멀라이프

1.

물건이 아닌
내가 중심인 공간으로

"그대의 눈을 안으로 돌려보라. 그러면 그대의 마음속에 여태껏 발견 못 하던 1,000개의 지역을 찾아내리라. 그곳을 답사하라. 그리고 자기 자신이라는 우주학의 전문가가 되어라."

－『월든』, 헨리 데이빗 소로우

재산과 돈, 물질적인 풍족함은 삶을 윤택하게 하는 방법 중 하나에 불과하지만, 언젠가부터 행복의 절대적인 기준이 되어가고 있다. 이는 자본주의 사회의 필수요소인 '돈', '먹고사니즘'으로 시작된 '돈 벌기'가 나 자신의 정체성으로 치환되면서 '소비'가 삶의 중심이 되었기 때문이다.

　다양한 브랜드, 마케팅과도 결합되어 단순히 생활을 유지하는 구매가 아니라, 현재의 나의 가치와 위치를 '보여줄 수 있는' 혹은 '인정받을 수 있는' 무언가를 사는 것이 큰 의미가 되어버린 탓에 소비는 지속적으로 더 큰 소비를 불러낸다.

　여기에 아이러니하게도 직장생활이나 아르바이트 등으로 돈을 벌면서 쌓인 스트레스를 풀기 위해 다시 사고, 좀 더 행복해지겠다는 명분으로 다시 사고, 그 무언가를 사기 위해 다시 돈을 버는 불행의 악순환이 끊임없이 반복되면서 그렇게 내 소중한 하루하루가 사라져가는 것이다.

　그렇지만 무언가를 소유함으로써 채우는 만족감은 그 가격이 어떻든 그리 오래 가지 않는다고 한다. 쇼핑을 하면 뇌에서 '도파민'이 생성되면서 기분이 좋아지는 것인데, 아무리 비싼 제품을 사도 도파민 생성에는 한계가 있어 쇼핑의 기쁨은 금세 사라져버리기 때문이다. 뇌는 좀 더 강한 효과를 얻고 싶어 하고, 이는 더욱 크고 자극적인 쇼핑으로 이어진다. 밑 빠진 독에 물 붓기처럼 그렇게 짧은 기분 전환을 위해 돈이 낭비되고 사라지지 않는 물건은 자리를 차지하고 앉아 불편함을 주게 된다.

그렇다면 그 중심을 다른 것으로 전환해보면 어떨까? 더하는 것이 아니라 '덜어내는 것'으로 조절해보는 것이다. '아무리 해도 채워지지 않는 소유, 그 욕구'를 줄이거나 바꾼다면, '그 물건을 사기 위한 내 시간과 삶의 희생'은 조금 줄어들지 않을까? 덜 가지면서도 심리적으로 더욱 풍요로울 수 있는 방법이 있다면?

그래서 나는 스스로의 욕심을 위해, 기꺼이 짊어지는 그 생활의 무게감을 덜어내기 위해, 그리고 삶의 중심을 소비에서 '나'로 바꾸기 위해, 삶의 기조를 '미니멀라이프'로 바꾸었다.

소유보다는 공유와 경험을 중시하며 물건을 기준으로 말한다면 '불필요한 것 없이 나에게 꼭 맞는 꼭 필요한 물건만을 가지고, 그 개수를 유지해 나가면서 가볍게 살아나간다'이다.

미니멀라이프는 '자신이 가진 것을 최소한으로 유지하자.'라는 기조에서 나온 생활방식으로, 대부분의 유입 계기가 물건에 둘러싸여 자신을 잃었다가 극한 상황에서 '문득' 깨달음을 얻고 정 반대의 상황으로 자신을 바꾸는 것이었다.

내 경우에는 전에 무지무지한 쇼핑중독이었다든지, 수입에 비해 지나치게 많은 소비로 파산을 했다든지 하는 큰 사건이 있던 것은 아니었다.

단지 책 한 권, 그리고 이를 받아들일 수밖에 없었던 환경—
지극히 사소한 계기로 미니멀라이프를 추구하게 되었던 것에 비해 그 여파는 아주 커서 현재는 물건뿐 아니라 마음가짐, 삶의 전반으로 이어지고 있다.

지금부터 약 5년 전쯤, 유독 야근이 많던 회사 일과 3살 남짓한 아이를 키우는 육아의 병행으로 지쳐가던 때였다. 제품이나 브랜드를 대중에게 알리고, 마케팅을 돕는 분야인 홍보대행사의 온라인 부문 담당 차장이 당시의 직급으로, 그때 나는 회사에서 의욕적으로 비즈니스 분야를 넓히고 있는 시기라서 업무량이 많아 야근이 잦았다.

평상시에 해야 하는 기본업무가 9시부터 6시까지 진행되고 이후에는 부수적인 다른 업무들이 이어졌다. 추가 비즈니스 영입을 위한 제안 작업 시작, 늦은 밤까지 작업 후 새벽 귀가…. 이 때문에 기약 없이 몇 시간 대충 잠을 청한 뒤 다시 출근하는 일이 지속적으로 반복되었다. 수면 부족에 체력 부족까지 이어진 상태로 눈을 반쯤 뜨고 꾸역꾸역 출근하는 아침, 어린이집에 가기 싫다고 칭얼대는 아이에게 무심코 짜증을 내는 나를 보면서 '이러다간 나도, 아이도 안 되겠다'는 생각이 들었다.

가족은 내 삶의 아주 중요한 부분이고, 내가 온전해야 아이에게도 잘 할 수 있으니까—

6년이 넘는 회사생활을 뒤로하고, 기본적인 '워라밸'을 어느 정도 지킬 수 있는 회사로의 이직을 결심했다. 조건에 맞는 회사를 알아보기 시작한지 3개월 만에 야심차게 회사를 옮겼으나, 결과는 대 실패였다. 우선순위로 생각했던 워라밸을 제외하고 직무도 직급도, 회사와 나, 서로의 기대도 이에 대한 서로의 능력치도 전혀 맞지 않는 곳이었기 때문이다.

업계 2위의 꽤 명망 있는 스타트업 회사, 젊고 어린 직원들, 이전 회사보다 훨씬 높은 직급, 희망찬 이야기가 가득했던 '허니문' 기간의 효과는 단 2개월뿐이었다. 외부에서는 볼 수 없었던 총체적 난국으로 해결이 어려운 문제들이 보이기 시작했고, 대부분 혼자서는 감당할 수 없는 것들이었다. 그 전까지의 경험을 바탕으로 노력을 해도, 열심히 책을 읽어도, 회사 이사진과 논의로도 해결방법은 없었다. 제대로 된 내 역할을 찾지 못한 채, 결국 고민과 번뇌 끝에 6개월 만에 그 회사를 스스로 나왔다.

40대가 되기 직전에 짜놓은 새로운 10년, 아니 더 긴 희망찬 미래를 위한 기반이라는 생각으로 들어간 곳이었던 터라 열정과 기대, 야심에 가득 차 있었던 것만큼, 패배감과 자책은 바닥을 뚫고 땅끝으로 내려가 지구 반대편까지 갈 참이었다.

2.

어찌할 바를 모르던
내 삶이 명확해졌다

후유증은 컸지만, 그와 별 상관없이 아이는 무럭무럭 자라고 있고, 생활은 해야 하니 어떻게든 기운을 차려야겠는데 도무지 의욕이 나지 않던 그때, 무심코 쳐다본 책상 위에는 머릿속만큼이나 복잡하게 이런저런 물건들이 잔뜩 쌓여 있었다. 아이의 육아용품, 상황이 이러하니 미처 치우지 못하고 한가득 쌓인 물건, 거기에 책들까지….

'일도 생활도 내가 제대로 하고 있는 건 하나도 없네….' 한숨을 푹푹

쉬면서 쳐다본 책상 한켠에 책 하나가 눈에 들어왔다. '이왕 쉬게 된 거 그간 밀렸던 집정리나 좀 하자!'라는 생각에 골라 든 도서관 정리 코너에 있던 책 중 하나, 그 한 권이 나를 새로운 세계로 인도했다.

"분명 나는 물건을 버렸을 뿐이다. 아직 아무것도 이루지 못했고, 남들에게 자랑할 만한 일은 하나도 없다. 하지만 이것만은 자신 있게 말할 수 있다. 물건을 줄인 후 나는 매일 행복을 느낀다. 행복이 무엇인지 조금씩 알아가고 있다."

－『나는 단순하게 살기로 했다』, 사사키 후미오

『나는 단순하게 살기로 했다』 바로 이 책으로 나는 '미니멀라이프'라는 삶의 방식을 알게 되었다.

사사키 후미오는 출판 에디터로, 어느 날 짐으로 가득 차 있는 자신의 방을 보면서 문득, 자신이 좋아하는 물건의 주인이어야 할 자신이 도리어 물건들에 휘둘리고 있다는 것을 깨닫게 된다. 이를 개선하기 위해 하나둘 자신과 일체화시켰던 물건을 버리고 정리하면서 자신의 삶을 다시금 바라보게 된다. 그것이 바로 '미니멀라이프'였고 스스로의 경험을 통해 체득해낸 노하우와 변화, 미니멀라이프 정신과 실행방안을 차곡차곡 조리 있게 담은 것이 바로 이 책이다.

　고민이 많아 복잡한 머릿속만큼 자잘한 물건들이 가득한 책상 위— 책상 위뿐 아니라, 여기저기 널려 있는 메모지까지— '나중에 쓰니까 두자'고 생각하며 모아두는 일종의 저장 강박이 있던 나였기에, 노트며 종이 등 소유하고 있는 물건이 많았다. 더군다나 '무언가로 가득 차 있는 공간 속 힘겨워하는 나'라는 그 계기까지 일치하니 그의 책에 눈길이 쏠린 것은 당연한 이치였다.

　책을 단숨에 읽고 나서는 그가 이야기해주는 방법을 하나둘씩 내 생활에 적용시키기 시작했다.

　사사키 후미오는 자신만의 미니멀라이프 규칙을 55가지 만들어두었는데, 그는 미혼, 일본인 남자였고 철저한 미니멀라이프 실행 결과 거의 '아무것도 없는' 방 상태를 유지하고 있었다. 그렇지만 나는 아이까지 있는 기혼, 한국인 여자였기 때문에 상황이 많이 달랐고, 텅 빈 방까지 원하는 것은 아니기에 모든 것을 적용하기는 어려웠고, 내게 맞게 적용할 수 있는 기준은 이 정도였다.

rule 01 버릴 수 없다는 생각을 버려라.

→ 버리지 않는 습관 대신 버리는 습관을 기르면 된다.

rule 07 지금 당장 버려라.

→ 버리는 것이 모든 일의 시작이다.

rule 11 일 년간 사용하지 않은 물건은 버려라.

→ 먼지가 쌓이는 물건은 버린다.

rule 16 물건 씨의 집세까지 내지 마라.

→ 쓰지 않으면 버려라, 물건뿐 아니라 공간 또한 낭비되는 것이다.

rule 17 수납·정리 개념을 버려라.

→ 수납, 정리의 기술보다는 물건을 줄여라.

rule 24 본전을 되찾겠다는 생각을 버려라.

→ 영원히 그날은 오지 않는다.

rule 31 마트를 창고로 생각하라.

→ 전쟁이 아니고서는 마트에선 언제나 생필품을 판다. 쟁여두지 말고 필요할 때 사자.

rule 37 버리고 남은 것이 가장 소중하다.

→ 필요한 인생의 기억은 자연스럽게 남는다.

rule 47 매몰 비용을 기억하라.

→ 하나를 사면 그와 연관된 물건들도 줄줄이 사게 된다.

rule 50 싸다고 사지 말고 공짜라고 받지 마라.

→ 사지 않는 것이 제일 저렴하다.

rule 51 버릴까 말까 망설일 때 버려라.

→ 망설이는 것 자체가 그 물건이 내게 중요하지 않은 것이다.

rule 52 진짜 필요한 물건은 반드시 돌아온다.

→ 정말 필요하다면 나중에라도 다시 구하게 된다.

rule 54 정말로 아까운 것은 내 마음이다.

→ 사놓고 쓰지도 않으면서 느껴지는 죄책감은 그 물건을 없앨 때까지 계속 이어진다. 괴로움의 고리를 끊어내자.

그렇게, 할 수 있는 부분의 실행 범위를 정하고 하고 나니, 미니멀라이프는 '내 주변을 스스로의 힘으로 제어하는' 가장 기본적이고도 쉬운 방법이었다.

현 시점에서 가장 큰 당면과제는 재취업이었지만, 그보다 앞서 내 자신을 온전히 잘 추슬러야 하는데, 육아는 휴일이 있는 것이 아니니 이를 해소할 시간이나 여유는 없었던 터였다. 그렇다고 쇼핑이나 여행 등으로 돈을 마음껏 쓰고 다닐 수도 없던 그때, 아이를 보면서 할 수 있는 유일한 스트레스 해소 방법이자 생산적인 일은 '독서'뿐이었다.

어떤 정보에 대해 가장 잘 알고 싶다면 관련 분야의 책을 10권 정도 읽으면 된다는 이야기가 있듯, 독서는 그 깊이와 양이 동시에 확장될 때 효과가 배가된다. 더군다나 책 한 권에는 한 사람이 공들여 만들어낸 시간과 노력의 결과가 논리적으로 차곡차곡 들어 있으니까— 일단 그 책을 시작으로, 미니멀라이프, 미니멀리스트와 관련된 모든 책을 도서관에서 찾아 읽고 스스로 적용해가면서 나만의 미니멀라이프 기준을 하나씩 정해 나갔다.

미니멀라이프의 시작은 내가 가지고 있는 것의 '확인', 내게 꼭 필요한지 아닌지 '판단' 그리고 정리 전에 '일단 버리기'로 이루어진다.

내 수용 용량을 훨씬 초과해 눈앞에 널브러져 있는 물건들을 하나씩 확인하면서 내가 정한 기준대로 책상 위의 물건부터, 옷, 아이의 물건까지 하나씩 정리할 것과 버릴 것으로 분류하기 시작했다. 더 이상 아이에게는 필요 없지만 몇 번 쓰지 않아 새것 같은 육아용품은 육아카페와 당근마켓을 통해 필요한 사람에게 보냈고, 개인의 추억으로 상자에, 서랍에 보관해두었던 많은 물건들(심지어 중학교 때 친구에게 받은 작은 펜던트도 있었다.)도 사진만을 남기고 깔끔하게 처리해버렸다.

그렇게 책상 위가, 주변이 하나둘씩 정리가 되기 시작하면서 마음까지 가뿐해지는 느낌과 함께 회사관계나 다른 것들은 제어할 수 없어도 '내 주위를 내가 제어할 수 있게 되었다'는 성취감이 그간의 상처를 조금은 덮어주었다. 더군다나 당시 '급여가 뚝 끊긴 백수'였기 때문에 자칫 '사고 싶은 게 있는데 돈이 없어서 살 수가 없네…. 나는 한심한 어른이야.'라는 생각으로 마음을 괴롭히는 자괴감 또한 겪지 않을 수 있었다.

3.

미니멀라이프,
어렵지 않을까?

내 경우에는 사사키 후미오의 책이 계기가 되었지만, 일본뿐 아니라 미국에도, 프랑스에도 미니멀리스트가 있고 그들만의 다양한 방법이 존재한다. 미니멀리스트와 미니멀라이프가 정확히 어떤 개념과 의미를 가지고 있는지, 그 역사와 기본 개념들을 조금 더 살펴보면 더욱 이해가 쉬울 것이다.

요즘에는 누구나 쓰는 흔한 말, '미니멀리스트'라는 말이 시작된 곳은 2011년 미국이었다. 잘 나가던 두 젊은이(Joshua & Ryan)가 뭔가 더 많이 가지고 싶어하는 소비- 물건에 대한 욕심을 버리고, 목적이 더 분명한 삶을 살기 위해 개설한 웹사이트 'The minimalists'로 전파되기 시작했다.

이들은 웹사이트를 통해 미니멀라이프를 할 수 있는 18가지 방법을 소개했고 이 팁들은 뉴욕타임즈, 월스트리트 저널 등의 기사로 개제되며 퍼져나갔다.

이들은 굉장한 커리어와, 좋은 차, 넓은 집 그리고 원하는 것들은 뭐든지 소유할 수 있는 부를 가지고 있었지만, 행복하지 않았다고 한다. 뭔가 채워지지 않는 공허함이라고 해야 할까? 일주일에 80시간을 넘게 일할 정도로 열심히 살았고 물질적으로도 완벽했음에도 자신의 삶을 자신이 제어하고 있지 않았다고 느꼈다. 그러던 어느 날 '미니멀리스트(Minimalist)'라는 말을 처음으로 쓰기 시작한 콜린 라이트(Colin Wright)라는 사람의 웹사이트에서 해결의 실마리를 발견하게 된다.

그렇게 시작된 21일간의 미니멀리스트로의 여정은 그들의 삶에 큰 변화를 가져다주었고, 2,000만 명 이상의 사람들이 공감하는 라이프스타일로 확장되었다.

"Minimalists don't focus on having less, less, less. We focus on making room for more: more time, more passion, more creativity, more experiences, more contribution, more contentment, more freedom. Clearing the clutter from life's path helps make that room."

– 'The minimalists'

미니멀라이프는 무언가 덜 가지는 것에 중점을 둔 것이 아니라, 조금 더 나를 위한 시간을, 열정을, 경험을, 자유를 경험할 수 있는 '여지'를 만드는 것을 의미한다. 그리고 삶의 잡동사니들을 치우는 것이 그러한 '여지'를 만드는 시작점이 된다. 이러한 이야기 때문에 미니멀리스트는 '버리는', '덜 가지는' 사람으로 알려졌는지도 모르겠다.

우리나라로 유입된 미니멀라이프는 미국인들의 라이프스타일보다는 옆 나라 일본이 더 관계가 깊은데, 일본에서 미니멀라이프가 크게 유행한 이유는 바로 '지진' 때문이었다고 한다.

거리상으론 가깝지만 정서상으로는 먼 나라인 일본은, '오타쿠'라는 말의 원조일 정도로 무언가를 잘 모으고, 그와 같은 대량의 '수집'에도 좁은 공간을 잘 정리하는 사람들이 대부분이다. 아기자기한 작은 물건들을 잘 모으고, 소중히 여기며, 보기 좋게 정리한다—는 일본인의 물건 소유에 대한 긍정적인 인식이 180도 바뀌게 된 계기는 2011년 동일본 대지진이었다. 가장 소중했던 자신의 물건들이 지진으로 인해 순식간에 자신을 해치는 '흉기'로 변했다는 것을 깨달은 순간, 그리고 소중히 여겨졌던 모든 것이 한순간 사라질 수 있다는 것을 알게 된 그 시점부터 그들에게 더 이상 인생에서 '물건'은 중요치 않다는 인식이 싹트게 된 것이다.

그렇게 촉발된 '생활의 비우기'는 일본 전통의 정신 '단샤리(だんしゃり, 断捨離)'와 그 기조를 같이 하면서, '설레지 않는 것은 모두 버려라.'라고 이야기하면서 자신의 '기호' 중심 소비&구매를 이야기하는 『인생이 빛나는 정리의 마법』이라는 책을 쓴 곤도 마리에, 앞서 소개한 '집에 거의 아무것도 없는' 극단적인 라이프스타일 『나는 단순하게 살기로 했다』의 사사키 후미오와 일본 문화를 사랑한 프랑스인 도미니크 로로가 일본과 프랑스 문화를 접합시킨 '심플하지만 예쁘게'『심플라이프』 등으로 펼쳐졌다.

특히 곤도 마리에는 정리 수납 전문가로 자신의 이름을 딴 관련 프로그램을 진행하기도 했었고, 동명 책의 드라마 속 출연진으로도 등장했으며, 이제 일본뿐 아니라 전 세계적으로도 '미니멀라이프의 아이콘'로 알려진 인물이다.

이들 사이사이에 '소유를 최소한으로 하는, 편리하면서도 정돈된 삶'을 목표로 미니멀라이프를 추구하는 워킹맘들(미셸 등 살림의 노하우를 제공하는 파워블로거 등)이 작은 군락을 형성하고 있다. 또한 정리정돈 위주로 튀지 않고 어느 곳, 누구에게나 적당히 어울리는 'MUJI' 브랜드와도 많이 닮아 있어 일본의 미니멀리스트들의 '미니멀라이프 팁'에는 MUJI브랜드 제품이 빠지지 않는다.

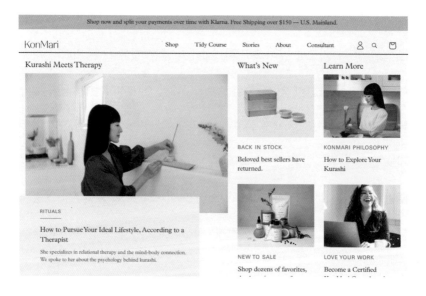

[곤도 마리에의 konmari.com 사이트]

우리나라의 미니멀라이프는, 일본의 미니멀리스트 작가들에 의해 2013

년쯤 한국에 소개되었는데, 일본 특유의 단정과 수수에서 벗어나 잘 융합하고, 화려하기도 한, 개성적인 한국의 정서가 일부 가미되었다.

전반적으로 한국형 미니멀라이프는 조금 더 트렌디하고, SNS 등으로 '보기에 혹은 자랑하기에 좋은' 형태를 띠고 있다. 변화를 추구하고, 대중 속에서 '나 자신'을 드러내기 좋아하는 성향이 반영된 것으로 추측한다. 자연을 벗 삼아 살고 있는 분도 있고 도심에서 깔끔하고 세련되게 사시는 분도 있는데 자세히 들여다보면 공간 절약을 위해서 나를 위한 '가구'를 직접 제작한다든지, 자연과 함께 살고 있는 분이라도 소박하면서도 세련된 안목을 가지고 있는 분들이 많다는 걸 볼 수 있기 때문이다.

또한 일본식 미니멀라이프의 한 축을 이루는, 모든 것을 비워버리는 극단적인 미니멀라이프를 지향하는 것보다는, 나를 '사랑하는 방법'에 한 걸음 더 다가가는 생활을 하기 위해서 일정 비용을 들여서 자신만의 '공간/편리함'을 만들어내는 것에 그 방점을 찍고 있고, 여기에 지속가능한 자연과 환경을 위한 레스 웨이스트(Less waste: zero waste 쓰레기 없는 소비습관보다 더욱 실행이 용이한 덜 버리는 소비습관)가 가볍게 얹혀 있는 부분도 추가적인 특이점이라고 볼 수 있다.

4.

미니멀라이프,
세상에서 가장 쉽게 시작하는 법

미니멀라이프, 이야기는 많이 들어봤고 괜찮다는 것은 알겠는데, 어디부터 시작해야 할지 막막한 사람들을 위해 쉽게 시작할 수 있는 간단한 방법을 소개한다. 다양한 방법을 소개하는 미니멀라이프 관련 책들 중 가장 쉽게 써놓은 책, 『버리지 않아도 정리가 된다』에 나온 방식을 기준으로 조금 변형해두었다.

1. 책상, 선반 등 구역을 정해 그 안의 물건을 모조리 꺼낸다. 담담하게 꺼내는 것에만 집중한다.

2. 손으로 닦으며 내가 원하는 물건인지 생각해본다.

3. 좋아하는 물건부터 제자리에 넣는다.

 - 물건을 찬찬히 들여다보면 내가 그 물건을 좋아하는지, 잘 사용하는지 그렇지 않은지 여부를 알 수 있다.

4. 좋아하는 물건부터 넣고 난 후, 남은 물건들은 내가 필요하지 않은 물건들이다. 이들을 처분상자와 보류상자로 분리하여 넣어둔다.

 - 처분상자는 버리거나 필요한 누군가에게 주는 물건을 두는 상자이고, 보류상자는 말 그대로 아직 사용할지 판단이 안 서서 보류하는 상자이다.

5. 처분상자의 물건들은 그대로 처분하고, 보류상자의 물건들을 1개월이나 2개월 정도 사용여부를 확인한다. 그 기간에 계속 그 물건을 찾지 않는다면, 그때 처분상자로 이동시키면 된다.

가장 먼저 시도하는 첫 구역으로 침실 등의 메인 거주공간을 제외하고, 자신이 가장 좋아하는 공간을 먼저 정리해보자. 눈 앞에 그 효과가 확연히 보이기 때문에 이후에도 지속하게 만드는 힘이 있다. 옷을 좋아한다면 드레스룸, 책에 관심이 많았다면 서재를 먼저 정리해보는 것이 그 방식—

메인 거주공간을 제외하는 이유는 정리를 위해 준비한 시간 동안 마무리가 다 되지 않더라도, 첫째, 침실 등이 아닌 공간을 이동하면 눈앞에 보이지 않기 때문에 조급한 마음이 들지 않기 때문이고, 둘째, 정리가 되고 나면 그만큼 뿌듯한 곳이 없는 까닭이기도 하다.

미니멀라이프는 '라이프'와 '스타일'이라는 말이 연결되어 있듯 한 번에 몸에 익혀지는 방법이 아니다. 한 번 공들여서 대부분의 물건을 버렸다가도 충동적으로 또다시 많은 물건들을 사들이기도 하고, 뜻하지 않게 샘플이나 거절할 수 없는 선물 등이 들어오는 경우도 비일비재하기 때문이다.

따라서 조급하게 생각하지 말고, 구역 구역 천천히 내가 실제로 사용하고 있는 물건과 아닌 물건을 확인하면서 사용하지 않는 것들은 처분해 나가야 하며, 다시 들여오지 않도록 주의해야 한다. 또한 더 이상 물건이 내 공간을 지배하지 않도록 불필요한 것들이 들어와도 자연스럽게 사라지는 '순환의 법칙'이 적용될 때까지 주기적으로 점검해 나가면서 몸에 익히는 시간을 가져야 한다.

현재의 나는 조금은 합리적이면서도 요란하지 않은 내 상황 등을 충분히 고려한 나만의 미니멀라이프를 실천 중이다. 나의 9가지 미니멀라이프 기준을 소개한다.

필요한 물건을 안다 · 나의 취향에 맞춘다 · 좋은 물건을 고른다

1. 사용하는 내 물건의 위치와 쓰임새를 모두 알고 있다.

(1년 동안 쓰지 않는 건, 사용하지 않는 것이므로 처분한다)

2. 장식품, 기념품 등 자리를 차지하고 계속 지녀야 할 물건은 가급적 사지 않는다.

1) 기념품보다는 경험과 사진으로 충분하다고 여긴다.

2) 나를 위한 소비를 하고 싶을 때는 맛집을 가거나 꽃을 산다.

3. 정말 사고 싶은 물건이 있다면, 아래의 규칙을 지킨다.

1) 충동구매 혹은, 기분 탓인지 확인한다.

2) 가급적 할부 구매는 하지 않는다. 그 돈이 다 모일 때까지 심사숙고할 시간을 가진다.

3) 물건 놓을 자리를 확보한다. 자리가 없다면 사지 않는다.

4) 비슷한 물건이 있는지 확인한다, 지금의 것이 쓸 만하다면 사지 않는다.

4. 정기적으로 가지고 있는 물건들을 정리한다. 물건은 어느새 금방 쌓인다.

5. 사은품, 증정품에 현혹되지 않는다. 어차피 안 쓴다는 건 알고 있다.

6. 나에게 어울리는 것인지 확인한다. 내가 쓰기 편한, 오래 나와 함께할 수 있는 것을 미리 알아둔다.

7. 사기로 결정했다면, 가성비보다는 내게 꼭 맞는, 좋은 것을 산다. 다음에 그 물건을 살 수 있는 기회는 없다.

8. 선물 혹은 추억이 깃든 물건이라도 쓰지 않는다면 누군가를 주거나 처리한다. (사진으로 남겨둔다.) 그래야 물건에게도 미안하지 않다.

9. 가족의 물건은 건드리지 않는다. 미니멀라이프의 기준은 일단 나다.

그렇지만 내가 '미니멀라이프'를 지향한다고 해서, 그것이 모두에게 절대적인 정답이라고 생각하지는 않는다. 굳이 누군가의 선물에 '미니멀라이프입니다.' 호들갑을 떨면서 되돌려주지도 않고, 주위의 사람들이 그렇지 않음에 의아해하지도 않는다.

모든 사람은 자신만의 삶의 기준이 있고, 굳이 내 기준을 드러내고 거절한다고 상황이 바뀌지는 않는다. 요란하게 굴어서 상대방의 라이프스타일을 은연중에 폄하하는듯이 보인다든지, 내 잣대로 멋대로 판단하는 것은 좋지 않다고 여기기 때문이다.

그럼에도 불구하고 '나를 온전히 유지하는 가장 기본적인 삶의 방식'이 무엇이냐고 내게 물어온다면 '미니멀라이프'를 실천해보라고는 이야기해주고 싶다.

미니멀라이프에도 각자의 라이프스타일에 맞는 수많은 스타일이 존재하고 있어 내 지향점에 따라 취사선택하면 그만인 것이다. 거창하지 않게, 소박하게 '일상의 행복'을 즐길 수 있는 방식으로 말이다.

다정하게 때로는 단호하게

5.

현관부터 책상 위까지,
미니멀라이프 어떻게 실천할까?

'나는 정리도 잘 못하는 편이고 결단력도 없어서 미니멀라이프 같은 건 못해!'라고 생각하는 사람도 있을 것이다. 그렇지만 그런 사람일수록 더욱 미니멀라이프가 부족한 부분을 보완해주는 해결책일 수 있다.

다양한 미니멀라이프 스타일들을 공부하면서 알게 된 사실은 '미니멀리스트'들이 모두 부지런해서 공간이 깔끔한 것이 아니라, 정리할 것을 적게 두었기 때문에 자연스럽게 공간이 깔끔해졌다는 것이다. 공간에 물건이 쌓여있지 않으니 청소가 간단하고, 그렇기 때문에 쉴 여유도 많아진다.

1. 가급적 필요한 물건만을 둔다.

 - 버리는 것이 주목적이 아니라 내게 꼭 맞는 소중한 것만을 남겨두는 것이 주목적이다.

2. 그 물건에는 자리를 만들어준다.

 - 물건을 소중히 하려면 자리를 배정해줘야 한다.

3. 사용한 물건은 다시 자리에 돌려둔다.

 - 이것만 지켜도 어수선해짐이 한층 줄어든다.

4. 하나가 나가야 하나가 들어온다.

 - 물건의 개수를 유지한다. 내가 선택하지 않은 물건이 들어오는 것을 경계한다.

5. 나를 '위한' 미니멀라이프이기 때문에 여지를 둔다.

 - 누구나 자신에 맞는 상황과 기준이 있다. 나의 상황을 고려하여 적절하게 맞춘다.

프리랜서와 야근이 많은 직장인 부부, 아이케어를 위해 주중에는 친정 어머니가 오시고, 남편은 미니멀리스트가 아니다. 생활의 특성을 고려하고, 모두 '편안한' 생활을 위한 여지를 둔 미니멀라이프 공간별 팁을 소개한다.

◎ 현관

– 집과 외부의 가장 경계가 되는 부분, 물건이 들어오지 않게 하는 최종 관문이기도 하다. 외출해서 집에 돌아오면, 집 앞에 도착한 택배 상자들은 보통 현관 앞에서 펼쳐서 물건만을 확인하고 가지고 들어온다.

– 외출 시 필요한 물건, 마스크/우산/아이의 장난감 등도 모두 현관에 둔다.

◎ 거실

– 가족이 가장 많이 생활하는 공간, TV하단에 수납이 편한 장을 별도로 마련해두었다.

– 아이가 있는 곳이라면 아이의 장난감, 공작물 등, 아이 교육을 위한 책 등이 가득해 공간이 지저분해지기 쉽기 때문에 아이의 물건은 가급적 거실에 두지 않는다. 알록달록한 것들만 없어도 거실이 훨씬 쾌적해진다.

여지를 둔다〉 식탁을 중심으로 아이의 공부, 가족간의 대화가 이루어
지고 있어 매일 해야 하는 아이의 공부 단어장, 공부할 거리 등만 거실에
두고 있다.

◎ 주방

- 프라이팬, 냄비 등은 꺼내두지 않고 모두 수납한다.

- 무채색 계열의 가급적 톤이 다운된 컬러의 주방제품을 쓴다.

(핑크 고무장갑, 형광색 수세미, 요란한 포장의 주방세제 모두 쓰지 않
는다.)

- 범용이 가능하고 식기세척기에 넣을 수 있는 튼튼한 제품을 쓴다.
(고블릿 잔으로 와인, 맥주, 음료수를 병행하고 있다)

여지를 둔다〉 요리는 부부 모두, 그리고 주중에는 친정엄마도 함께 해

주신다. 사용 편의를 위해 요리를 위한 양념류 등은 라벨링을 해서 바깥으로 꺼내두었다.

◎ 냉장고

– 다 채우려고 하지 않는다. 큰 냄비 2개 정도는 넣을 수 있는 자리를 비워둔다.

– 냉동실 문 앞에 식재료 목록을 모두 적어서 붙여두었다.

– 음식 및 식재료들은 모두 속 내용물을 확인할 수 있도록 투명한 케이스에 넣어둔다.

여지를 둔다〉 시댁과 친정에서 주시는 음식이 꽤 많다. 장류나 나물재료 등인데 그 양과 종류는 제어가 어렵다. 이를 보관하기 위해 냉장고와 냉동고 한쪽씩을 별도로 비워두고 '쟁임칸'이라고 정해두었다.

◎ 욕실

– 바닥에 물건을 두지 않는다.

– 플라스틱 제품 대신 가급적 비누 형태의 클렌저를 쓴다.(바디바, 샴푸바 등)

– 매일 아침 샤워하기 전 세면대를, 샤워 후에는 거울을 한번 닦아준다. 그것만으로도 청소 횟수를 줄일 수 있다.

– 기초 화장품은 개수를 최소화하여 욕실장에 수납해두었다.

여지를 둔다〉 아이와 남편의 샴푸, 바디클렌저 등은 각자 기호에 맞는 제품을 사용한다.

◎ 서재

– 책상 위에는 기본 작업 도구 빼고는 올려두지 않는다.

– 일기장, 플래너 등은 모두 디지털화해두었기 때문에 더 이상 종이를 쌓지 않는다.

– 책 블로그를 운영하고 있어 출판사로부터 책을 제공받는 횟수가 많다. 책꽂이 공간을 제한해두고 권수가 넘어갈 경우 우선순위로 책을 정리하고, 나머지는 지인에게 선물하거나 처분한다.

여지를 둔다〉 가족의 책들은 별도 칸을 정해 넣어두었다.

◎ 구매보다는 '공유' 혹은 대여로

– 공유자전거

: 아이의 등하교 시에는 공유자전거를 사용한다. 필요할 때만 사용하고 그냥 세워두면 되니 유지비나 기타 수리비용이 들지 않는다.

– 도서관

: 이북 리더기를 쓰고 있긴 하지만 종이책의 즐거움도 포기할 수 없다.

: 책은 구매하지 않고 대부분 근처 도서관에서 빌린다. 기억하고 싶은 부분은 사진을 찍어둔 뒤, 블로그 리뷰로 정리해둔다.

◎ 덜 버리는, 내게 맞는 것을 쓴다.

– 브랜드 지갑을 사용하다가 수공예 가죽지갑으로 바꾸었다. 오래 쓸수록 낡아지는 것이 아니라 손에 익어가는 느낌이다. 여기에 손수건과 작은 에코백은 필수

– 무난한 블랙 컬러의 백팩& 숄더백 겸용 가방을 쓴다. 노트북이 필요한 업무 시에는 백팩으로, 개인적인 약속에는 숄더백으로 쓸 수 있어 편리하다. (백팩 끈을 가방 뒤 쪽에 안보이게 넣어둘 수 있다.)

미니멀라이프를 지향하게 되면, 물건만 줄어드는 것이 아니라, 물건 관리와 유지를 위해 소모되는 시간과 불필요한 활동에 드는 에너지도 줄어들기 때문에 그만큼 나를 위해 사용할 수 있는 시간과 에너지가 늘어난다. 그리고 이 부분은 '시간 관리'에도 효과적으로 적용된다.

"미니멀라이프는

'내 주변을 <u>스스로의 힘으로</u> 제어하는' 가장

기본적이고도 쉬운 방법이었다."

Life   Time   Mental   Relation   Work   Habit

2장

미라클 모닝보다

중요한 것,

나만의 시간 제어법

: 시간 관리법

1.

나를 위로하고 발전하는 시간, 나만의 모닝 루틴

"하루의 끝이자 시작인 새벽은 어제의 허물을 벗고 더 나은 오늘을 맞을 수 있는 기회다."

— 『다산의 마지막 공부』, 조윤제

아침 4시 30분에 일어나 공복에 물 한잔, 일기를 쓰고, 영어 공부와 가벼운 독서를 한 후 아침러닝과 간단한 산책까지 하고 돌아오면 7시, 그때부터 가족과의 아침이 시작된다. 새벽 시간에 하는 것들에는 다소 변화가 있었지만, 나만의 '모닝 루틴'을 가지고 남들보다 조금 일찍 일어나 오직 '나'를 위해 하고 싶은 일을 하기 시작한 지 약 5년이 되어간다.

소위 미라클 모닝이라고 볼 수도 있는데, 유행을 따랐다기보다는 나를 위해 무언가를 할 수 있는 시간이 이 때뿐이어서 불가피하게 시작한 방법이었다. 그렇지만 이 작은 시작이 내 삶을 가장 크게 변화시킨 원동력이 되었다.

여기에도 일과 육아를 병행하는 '워킹맘'의 포지션이 영향을 미쳤다. 아직 손이 많이 가는 아이를 돌보기 위해 퇴근 후 집으로 출근한다고 말할 정도로 집에서도 일에 시달리면서, 어느 순간 나는 사라져 있었다. 아이가 3세까지 육아와 업무 외에 내가 뭘 했는지 기억나는 것이 거의 없다.

없어져버린 나를 찾고, 일단 내가 '하고 싶은 일을 온전히 할 수 있는' 나만의 시간을 가지려면 아이와 업무가 방해를 하지 않는 시간이 필요했고, 그 시간이 바로 '새벽'이었다. 그래서 잠을 조금 줄여 나를 위한 새벽 시간을 만들었다.

그렇게 5년이 지난 지금, 이제는 내 몸에 편안한 방식으로 새벽 '나만의 루틴'이 정립되었고, 이 시간은 때때로 필요한 무언가를 더하고 빼면서 매일 아침 나를 위로하고 발전시키는, 오직 나를 위한 시간으로 굳어졌다. 누가 시켜서 하는 것이 아니기에 기분이나 상황에 따라 들쑥날쑥해지지 않게, 그리고 스스로 매일의 노력을 확인하고 보람차게 느낄 수 있도록 인스타그램에 기상 시간과 공부 등을 기록하는 별도의 계정도 만들어두었다.

작은 성과가 모여 보람이 되고, 지속할 수 있는 원동력을 만들어줄 뿐 아니라 이것이 몸에 밴 습관이 되어 이제는 전날 밤을 새는 정도의 고강도 업무만 없다면 크게 노력하지 않고도 이와 같은 루틴을 지킬 수 있다.

이전부터 기록하는 것들 좋아했고, 시간과 프로젝트가 들쑥날쑥한 업무 등에 지속적으로 놓이다 보니 이를 제어하기 위해 다이어리, 스케줄러를 쓰게 되었던 것이 '습관성 셀프제어'로 이어져 시간 관리에는 꽤 도움이 되었다.

일일이 날짜를 쓰는 것은 번거롭고, 주간 양식 칸은 많으면 좋겠다. 사용 동선이 복잡하지 않게, 내게 쓰기 편하고 손에 딱 맞는 스케줄링을 위해 신중히 고르던 다이어리는 어느 순간 줄노트 위에 나만의 스타일로 스케줄러를 만드는 것으로 변했다. 그러다가 쌓여가는 종이 다이어리들 또한 점차 늘어나는 불필요한 물건이라는 생각이 들어 디지털화 시켰다.

현재는 디지털 플래너를 나에게 맞춰서 정리하면서, 조금 더 효율적으로 발전시켜나가는 중이다.

성공한 사람들의 '노하우' 안에는 미라클 모닝을 포함한 나만의 시간이 꼭 들어 있는데, 헬스장에 간다고 바로 근육이 생기지 않듯 몇 년간에 걸쳐 만들어낸 루틴을 아무리 잘 정리한들 이를 한 번에 따라 하기는 쉽지 않을 것이다. 또한 모두가 '기록'이나 계획적인 생활을 유지하는 것에 익숙한 것은 아니니까 처음부터 잘하기는 어렵다. 나 또한 매일매일 체크를 하는 이유는 조금만 나태해지면 몸은 어느덧 편한 곳으로 향하게 될 것이라는 것을 알기 때문이다.

어렵지만 불가능한 것은 아니다. 어떻게 하면 좀 더 쉽게 시작할 수 있을까? 그간의 내 실행을 뒤돌아보면서, 긴 기간을 축약해서 단계적으로 차근차근 접근할 수 있는 방법을 정리해보았다.

2.

효율적인 시간 관리의 기본은
'목표 설정'

시간을 연구하는 하버드 대학교 경영대학원 교수 애슐리 윌런스는 책 『시간을 찾아드립니다』에서 대부분의 사람은 '시간이 부족하다고 느끼고 시간에 쫓기는 시간 빈곤을 겪고 있다'고 이야기했다. 세탁기, 청소기 등 다양한 기기의 등장으로 표면적인 노동시간은 줄어들었지만, 각종 온라인 기기 등으로 일과 생활이 단절되지 않고 이어지기 때문에 정서적으로 '시간 부족'을 느낀다는 것이다.

그렇지만 이 같은 심리적인 문제를 인지하고 돈보다 더 중요한 '시간'

을 확보하기 위해 전략적으로 노력한다면 누구든 '시간 풍요'를 만들어
낼 수 있다.

해야 할 일 위주로만 생활하다 보면 내가 하고 싶은 일을 할 시간은 거
의 없다. 또한 하고 싶은 일 중에서도 '정말 나를 위한 일'이 맞는지, 아닌
지에 대한 스스로의 분석과 정의는 필수적이다.

미라클 모닝, 시간 관리에 대한 다양한 코칭이나 방법 등이 유행하고
있지만, 그게 나에게 딱 맞는 시간 관리인지 아닌지는 실제로 자신의 시
간을 살펴보고 실행해봐야 알 수 있다. 굳이 새벽에 일어나는 미라클 모
닝이 아니어도 된다. 모닝이든 이브닝이든 나 자신에게 집중하는 시간이
늘어날수록 내가 바라는 '기적적인 일'은 일어난다.

나를 위한 시간을 만들고 실천하는 방법

1. 시간 관리로 얻고 싶은 '목표'를 정한다.

2. 내 시간 사용 현황를 확인해본다.

3. 시간 사용 현황에서 변화하고 싶은 시간을 체크한다.

4. '목표'를 작게 잘라, 년/월/일/단위로 세부 변화할 항목을 정한다.

5. 달성사항을 체크하면서 하루를 지내본다.

6. 일일 혹은 일주일 단위로 잘되는 부분과 안되는 부분을 점검한다.

7. 안 되는 부분을 개선해나가면서 최소 2개월간 해본다.

 (2개월 정도 되면 어느 정도 습관이 된다.)

시간 관리의 첫 단계는, 일단 내가 '무엇을 하고 싶은지' '무엇이 되고 싶은지', '이걸 왜 하는지' 목표의식을 가지는 것이다. 유행이 이렇고, 누군가가 좋다더라─ 는 계기로는 시작을 해도 금세 벽에 부딪치게 되니 좀 더 체계적으로 나 자신을 탐구해보는 시간이 필요하다.

대부분 그간의 경험으로 어렴풋이 느꼈겠지만, 내 몸은 그렇게 호락호락하게 내 결심을 따라주지 않는다. 『슈퍼해빗』이라는 책에 이런 구절이 있다.

"인간은 '미래의 나'가 현명한 선택을 내리리라 기대하지만 '현재의 나'는 너무 자주 유혹에 무릎을 꿇는다. 인간에게는 자신의 실패를 외면하는 비상한 능력이 있다. 계속해서 허둥댈 때조차 많은 이가 과거의 실수로부터 배우기보다는 다음에는 더 잘할 수 있다는 낙관주의를 포기하지 않는다."

─『슈퍼해빗』, 케이티 밀크먼

'조금만 자고 일어나서 시험공부를 해야지.'라고 생각하고 잠들었던 경험, "나머지는 이따가 꼭 할 거야."라고 말해놓고서 TV를 보다가 시간을 어영부영 흘려보냈던 경험, '이젠 하지 말아야지.'라고 다짐하고서 '내일부터 하지 뭐.'라고 생각하고 다시 내 행동을 합리화했던 경험 등은 누구에게나 있을 것이다.

따라서 좀 더 전략적으로 내 머리와 몸을 납득시켜가면서 시간 관리를 진행해야 내 '몸'이 반항하지 않고 그 지시를 따르게 된다.

목표라는 말이 너무 거창하다면 내가 지금 이루고 싶은 것이 무엇인지 생각해보자. 돈을 더 많이 벌고 싶다든지, 건강해지고 싶다든지 하는─로또 당첨같이 요행을 바라는 것이 아니고, 내가 이루어야 하는 것이라면 그 목표를 실천할 수 있는 '시간'을 확보하는 것이 필수적이다.

'내가 뭘 하고 싶은지 잘 모르겠다면 일단 나 자신이 중요시하는 인생의 가치를 찾아보는 단계부터 시작해야 한다.' 다음은 『아주 작은 습관의 힘』을 쓴 제임스 클리어(James Clear)가 정리한 Personal Core Values다. 이 가치표로 내가 중요시하는 '인생의 가치'부터 확인해보자.

진실성	시민의식	우정	지식	침착	영성
성취	지역/단체	즐거움	리더십	유명	안정
모험	능숙함	성장	배움	인정받음	성공
권위	기여	행복	사랑	종교	신분
자율	창조	정직	충성심	평판	신뢰
균형	호기심	유머	의미 있는 일	존경	부
아름다움	결의	영향	오픈마인드	책임	지혜
대담함	공정	내적균형	낙관	안정	연민
신념	정의	평화	자긍심	도전	명성
친절	기쁨	봉사			

　막연한 생각들은 손으로 쓸수록 구체화된다. 가치카드 키워드 중 내가 중요하다고 생각하는 가치에 표기를 해본다. 그렇게 표시된 단어들을 살펴보면, 내가 인생에서 '중요하다'고 생각하는 것들이 몇 가지의 공통점을 가지고 있다는 것을 알게 될 것이다.

　이를 핵심가치라고 부르는데 이 핵심가치를 내 삶의 가지에 어떻게 '실행해야' 달성할 수 있는지를 생각해보는 것이다.

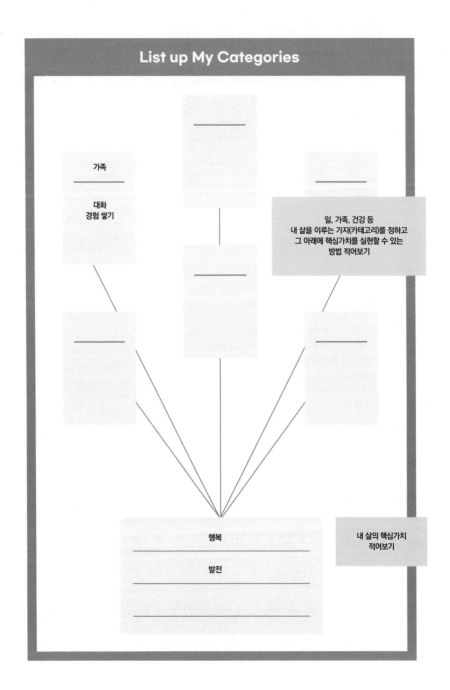

List up My Categories

가족
_____

대화
경험 쌓기

_____

_____

일, 가족, 건강 등
내 삶을 이루는 가지(카테고리)를 정하고
그 아래에 핵심가치를 실현할 수 있는
방법 적어보기

_____

_____

행복
_____

발전
_____

_____

내 삶의 핵심가치
적어보기

My Objects

각 카테고리별
목표 세우기

인생의 가지는 나를 구성하고 있는 기본적인 가지이다. 일, 가족, 건강, 인간관계 등이 그 예로 나에게 맞게 기본 가지를 채우고, 그 아래에 내 핵심가치를 중심으로 실행할 수 있는 부분을 적어본다. 이를 바탕으로 세부 목표를 확정한다.

목표를 정했다면, 어느 부분을 바꿔야 할지, 나의 실제 시간 사용부터 돌아봐야 한다.

3.

나는 지금 어떻게
시간을 쓰고 있을까?

내 핵심 가치와 기본 목표를 알았다면, 이제 내가 실제로 시간을 어떻게 사용하고 있는지 확인해보자.

돈 관리를 시작하면 가장 먼저 하는 것이 한 달 동안 나의 씀씀이를 확인하고, 그 패턴 속 바꾸어야 할 부분을 찾아가는 것인데, 시간 관리도 이와 비슷하다. 아니, 돈 관리보다 시간 관리가 더 중요한 것일지도 모른다. 시간은 누구에게나 정말 똑같이 주어지면서 더해지지는 않을 뿐더러, 갑자기 사라져버리는 일도 비일비재하니까 말이다.

일주일 정도 내가 어떤 식으로 하루를 보내는지 최대한 자세히 기록해 본다.(30분 단위로 기록해보는 것이 좋지만, 어렵다면 시간단위도 무방하다.) 주말은 2일, 주중은 5일로 주중에 더 많은 시간을 사용하므로 주중 기준 시간에 좀 더 중점을 둔다.

시간		한 일	의미	필요여부
00:00	00:30			
00:30	01:00			
01:00	01:30			
01:30	02:00			
02:00	02:30			
02:30	03:00			
03:00	04:00			
04:00	04:30			
04:30	05:00			
05:00	05:30			
05:30	06:00			
06:00	06:30			
06:30	07:00			
07:00	07:30			
07:30	08:00			
08:00	08:30			
08:30	09:00			
09:00	09:30			
09:30	10:00			

다정하게 때로는 단호하게

10:00	10:30			
10:30	11:00			
11:00	11:30			
11:30	12:00			
12:00	12:30			
12:30	13:00			
13:00	13:30			
13:30	14:00			
14:00	14:30			
14:30	15:00			
15:00	15:30			
15:30	16:00			
16:00	16:30			
16:30	17:00			
17:00	17:30			
17:30	18:00			
18:00	18:30			
18:30	19:00			
19:00	20:00			
20:00	20:30			
20:30	21:00			
21:00	21:30			
21:30	22:00			
22:00	22:30			
22:30	23:00			
23:00	23:30			
23:30	00:00			

업무시간 외에 나머지 시간 중 내가 쓰고 있는 시간들을 자세히 살펴본다.

24시간 중 11시간을 출퇴근에 쓰고(8시간+점심1시간+출퇴근 및 준비시간 1시간씩 산정) 아침과 저녁, 밥 먹는 시간을 2시간 빼고 나면, 11시간의 나머지 시간이 남는다. 여기에 수면시간 7시간 정도를 빼면 나머지 4시간이 내가 하루에 쓸 수 있는 시간이다.

그렇다면 그 4시간을 나는 어떻게 보내고 있을까? 나 자신의 가치 판단이 가장 중요하다. 유튜브를 보는 시간이 누군가에게 '낭비'의 시간일 수 있지만 그것으로 나는 '힐링'을 한다면 꼭 필요한 시간일 수도 있으니까— 내 가치관과는 다르게 의미 없이 흘려보내는 시간은 어느 부분인지, 이를 어떻게 바꾸면 될지 고민해본다.

내 경우 처음 내 시간을 만들어낼 당시에는 회사일과 육아로 도무지 시간이 나지 않아서 잠자는 시간을 2시간 정도 줄여 일찍 일어난 후 하고 싶은 일을 마무리하고 출근을 했다.(그렇다, 앞서 미니멀라이프를 알게 해준 백수의 시기를 어찌어찌 건너, 무사히 취직을 한 상태였다.) 그렇지만 '잠자는 시간을 줄이는 것'은 언젠가는 체력적으로 한계점이 올 수 있어 굳이 추천하지는 않는다. 특히나 30대를 지나면 이전과 똑같이 생활하고 움직이는데도 체력이 떨어지는 시기가 오기 때문에 가급적 6~7시간의 수면은 충분히 확보하는 것이 좋다.

젊어서 고생은 사서 한다는 말이 있지만, 이는 다양한 경험을 쌓으면서 몸과 정신을 발전시켜나가라는 것이지 노동으로 몸을 혹사시키라는 것은 아닐 것이다. 과로 등으로 인해 정신적, 신체적으로 황폐해지는 20대의 고생은 30대에 고스란히 몸에 얹혀져 이후에도 지속적으로 나쁜 영향을 준다.

20대가 굳이 병원을 안 가도 스스로 알아서 나아지는 자연 치유되는 몸이라면 30대는 자연치유는 더 이상 불가, 병원을 가야 낫는 몸으로 일보 후퇴한다. 여기에 40대는 그간의 고생들이 새로운 '질병'으로 발현되는 '진정한 퇴화'의 시기이다. 따라서 나이가 들면 자연적으로 안 좋아지는 몸을 그나마 온전한 상태로 유지하려면 충분한 휴식은 필수이고 이 휴식에 '잠'은 필수불가결한 부분이다.

그러므로 미라클 모닝 등을 하고 싶다고 해도 굳이 수면 시간을 줄이지 않는 방법이 나중을 위해서 현명하다.

우주여행을 갈 만큼 과학은 진보했지만 인간의 수면시간은 예전이나 지금이나 같다. 수면을 대체할 더 효과적인 무언가가 없다는 의미다.

세계적인 신경과학자인 매슈 워커는 20여년간 수면과 꿈에 대해 연구해온 수면전문가로, 그의 책『우리는 왜 잠을 자야 할까?』를 통해 잠의 긍정적인 역할에 대해 상세히 기술해두었다. 잠은 학습과 기억, 논리적 선택을 하는 판단력 등을 하는 뇌의 기능에 활기를 불어넣고, 정신 건강에 유익한 기여를 한다고 한다. 푹 잠을 자야 다음날 냉철한 머리로 사회적, 심리적 과제들을 잘 헤쳐나갈 수 있다는 것이다.

수면시간은 '인생의 질'을 결정하는 데도 아주 중요한 역할을 한다. 우울증 등의 자살률이 높아지는 요인도 수면 부족이 크기 때문이므로 내 몸에 맞는 충분한 수면시간을 지키는 것이 몸과 정신건강 모두에 필수다.

집안일 등 해야 할 일이 너무 많다면, 조금 비용이 들더라도 나의 '힘든 부분'을 도울 누군가를 잠시 고용한다든지, 식기 세척기, 로봇 청소기, 의

류 건조기 등을 구매해 사용하는 것을 추천한다. 돈은 노력하면 더 벌 수도 있지만, 시간은 지나가버리면 다시는 살 수 없는 어찌 보면 내가 가진 가장 중요한 재산이기 때문이다.

업무 시간을 제외한 나머지 시간은 대체적으로 어떻게 분포되어 있는가? 그리고 내 수면패턴은 어떠한가?에 따라 사람들에게 방해받지 않고 오직 나에게 집중할 수 있는 나만의 시간을 확보한다. 무턱대고 미라클 모닝을 시작해서 늦게 자고 새벽에 일어나서 건강을 해치다가 미라클 모닝 포기로 다시 자기 혐오에 빠지는 사람들을 종종 보게 되는데, 미라클 모닝은 '일찍 일어나 오롯이 나를 위한 시간을 가지고 내 목표를 추구할 수 있는 힘을 얻자'이지 잠을 줄여서 내게 고통을 주자는 아니다.

오히려 자는 시간을 통째로 앞으로 당겨 밤의 유희와 오락을 뒤로하고, 잠을 청하고 이른 아침에 나만의 시간을 맞이하는 것을 목적으로 두는 편이 부담도 덜 되고 훨씬 지속하기 쉽다. 또한 아침형 인간이 있고 올빼미형 인간이 있듯, 나의 생활 패턴에 따라 '집중할 수 있는 시간이 있고' 이에 따라 미라클이 일어나는 시기 또한 각기 다르다. 나를 위해 '고민하고 노력하는 시간'이라는 뜻이므로 그게 언제인지는 상관이 없다.

아침형 인간과 올빼미형 인간을 가르는 기준은, 주말 '알람 없이 일어나는 나의 기상시간'을 확인해보는 것으로 알 수 있다. 어떤 개입도 없이 자연스럽게 내가 일어나는 시간이 바로 내게 최적화된 시간이다. 나의 상황, 그리고 내 주변의 상황 등을 고려해서 오롯이 나에게 집중하는 시간을 만들어보자.

5년간 '나를 만나는 시간'을 마련한 결과 내게 '새벽'은 비로소 생긴 나 자신만의 시간이었을 뿐더러, 초기에는 새벽 시간을 1년 프로젝트- 1일 1권 독서 후 리뷰시간으로 썼던 터라, 차곡차곡 쌓이는 콘텐츠들로 인한 부수 효과까지 확인할 수 있어 '할 수 있다'는 의지가 지속적으로 생겨났다.

또한 이렇게 만들어진 '자신감'은 이후 새로운 도전을 할 때 주춤거리지 않게 나를 밀어주는 원동력이 되기도 했다.

4.

모닝 루틴,
나를 위한 시간 단계별 실천법

미라클 모닝을 말하는 사람들은 그 새벽 시간에 어떤 것들을 이루었을까?

인간의 뇌는 '가소성'이라는 특징을 가지고 있는데, 성인이 되면 성장이 멈추는 다른 신체 기관과는 다르게 의지와 노력에 따라 끊임없이 성장하는 힘을 가지고 있다는 것이다. 또한 다짐을 지속할수록 뇌는 이 다짐을 '현실'이라고 생각하고 이를 실행하도록 노력한다. 내게는 이 같은 다짐을 오직 자신에게 집중한 '나만의 시간' 새벽시간에 진행하는 것이 가장 효율적이었다.

새벽 시간은 어제의 잔재들을 털어버리고, 현재의 나에게 집중하며, 미래의 내가 어떤 사람이 될 것인지 꿈을 꾸는 시간이다. 어제가 끝이 아니라 오늘로 연결되어 있고, 다시 내일로 향하는 일련의 시간의 흐름과 그에 따른 목표와 실천방안 등을 지속적으로 인식하는 기회의 시간으로도 볼 수 있다.

첫 번째, 어제의 마무리

어제 실수가 있었다면 이를 보완하기 위해서 무엇을 바꿔야 하는지 등의 해결법을 찾고, 어제가 너무 절망적이라 아무 생각이 나지 않더라도 열심히 '내가 잘한 점', '잘할 수 있는 점'을 찾아본다. 밥을 남기지 않고 먹었고, 직장상사의 꾸지람에도 잘 참았고 하는 내 '잘한 부분'들을 칭찬해준다.

두 번째, 오늘의 다짐

어제의 정리가 끝났다면 이제 오늘과 미래를 기약할 차례- 의지를 북

돋기 위해 미래의 꿈에 포커스를 맞추고 그를 이뤄내기 위한 나의 행동, 실천 방안들을 생각해서 정리해두면 뇌는 나를 '그 방향'으로 움직이게 만들어준다.

나를 깨우는 '확언'을 읽는다거나 긍정적인 문구를 필사하는 것도 비슷한 이치다.

머릿속에 막연하게 있던 생각들이 글자로 내 눈앞에 보이는 순간, 그것은 실체화되고 현실과 가까워진다.

하루를 돌아보고 다짐하는 것으로 일기쓰기만큼 좋은 것이 없다. 그렇지만 막상 흰색 종이를 펼치면 아무것도 생각나지 않는 사람들을 위해 간단 일기쓰기 4가지 방법을 추천한다.

간단 일기쓰기 4가지 방법

1. 세 줄 일기

− 좋았던 점 한 줄, 좋지 않았던 점이나 반성되는 점 한 줄을 적고, 다짐을 한 줄 적는다.

− 장점: 하루를 전반적으로 돌아볼 수 있고 희망적인 기분으로 마무리할 수 있다.

2. 감사일기

− 감사했던 점 혹은 좋았던 점을 찾아 세 줄 정도 적는다. 감사한 것들을 찾아 구석구석 어제 일어난 일들을 생각해본다. 혹 나쁜 일들만 일어났다고 해도, 어제의 그 힘든 일들을 겪고도 오늘 잘 자고 일어났다는 것만으로도 감사할 일이 될 수 있다.

− 장점: 쓸 것이 없다가도 곰곰이 생각해 써내려가다 보면, 내 삶에 감사한 부분이 참 많다는 것을 깨닫게 된다.

3. 한 문장 일기

- 하루를 떠올리며 감정 단어 하나를 쓰고, 이 감정이 왜 생겼는지 한 문장으로 적는다.

- 장점: 막연히 느끼는 자신의 감정을 좀 더 구체적으로 확인할 수 있게 된다.

4. 성공일기

- 인생의 목표에 대한 달성지수를 10점 만점 기준으로 기록해보고, 부족한 점수에 대해 회고하는 시간을 가진다.

- 스스로를 코칭하면서 좀 더 목표지향적인 하루를 보내게 해준다.

세번째, 예상되는 어려움에 대한 대비

오늘 예상되는 일에는 하고 싶은 일만이 아닌 해야 할 일도 반드시 있다. 보통 멘탈이 무너지는 일들이 '뜻하지 않게 들이닥치는 예상 밖의 상황'일 텐데, 이에 대해 미리 대비를 해두면 그나마 집나가는 멘탈을 잡아두고 어렵지 않게 대처할 수 있다.

이 부분에 대한 마인드 세팅을 한 번 더 해두는 것이 마무리. 가령 '오늘 나를 불안하게 하는 일은 ○○인데, 이 경우 ○○게 하자.'라는 계획을 세워두는 것이다. 또한 시간계획을 아무리 짜 놓아도 변수가 있을 수 있으니, 이에 대한 플랜 b를 마련해놓는 것도 바람직하다.

2시간 30분이 아니라 30분만이라도 오늘의 '나'를 생각하는 시간을 마련해두면, 하루가 예상치 못한 일들을 닥치는 대로 쳐내는 것이 아니라 내가 생각했던 방향성을 기준으로 돌아가는 것이라는 것을 느끼게 된다. 그렇게 하루하루가 쌓여, 내가 원했던 나 자신을 만들어내는 것이다.

아침 시간을 제외하고, 근무 시간을 뺀 후 내가 무언가 할 수 있는 시간을 찾아본다. 의외로 자투리 시간이 종종 발생하는데, 이때 무엇을 할지도 미리 생각해두면, 그 시간을 좀 더 효율적으로 사용할 수 있다. 보통은 휴대폰을 보거나 SNS 등으로 흘려보내는 시간이 부지기수인데, 이때 사소하지만 꼭 해야 하는 daily to do를 진행한다.

메일 확인, 공과금 납부 등의 종류들인데 이 같은 '꼭 해야 하지만 하기 싫은 것'들을 모아서 하는 시간을 빼두는 것도 때때로 떠오르는 잔일 같은 일처리 때문에 다른 중요한 일을 놓치는 큰 실수를 미리 방지할 수 있다.

퇴근 후 잠자기 전의 시간은 대략 2시간 남짓, 무언가를 진득하게 할 수 있는 하루 중 유일한 시간으로 이때 무엇을 하느냐에 따라 오늘의 내 시간의 '결과'가 달라진다.

차곡차곡 쌓이는 시간의 경험치 만큼 중요한 것은 없다. 내 경우에는 한창 블로그에 책 리뷰를 올리던 시절, 목표는 하루에 한 권 책을 읽고, 리뷰를 써두는 것이었다. 책을 읽는 데 1-2시간, 거기다 리뷰 작성에 1시간 정도 걸리니 최소 하루에 3시간은 확보되어야 했다. 그런데 새벽 시간 1시간을 뺀다고 해도 회사를 다니고 육아를 하면서 이 시간을 확보하기는 거의 '불가능'에 가까웠다.

defie's book & Life

배우고 실천하며, 더 나은 나를 만들어갑니다

 책을 기록하고 기억합니다
 그의 특별한 후기들
 나를 위한 글쓰기
 노하우를 공유합니다
 defie's DO planner

상식적이면서도 '섯.... [4]
2022. 6. 28.

디자이너이자 콘텐.... [1]
2022. 6. 24.

4차혁명 시대를 살아... [6]
2022. 6. 12.

어려운 시장조사 이.... [6]
2021. 7. 20.

틈새를 공략한 나촌.... [1]
2021. 6. 30.

좋아하는 것과 설계.... [3]
2021. 6. 18.

나 그리고 세상을 위... [4]
2021. 6. 18.

1인사업으로 억대매... [6]
2021. 6. 4.

뉴노멀 시대의 젊은 ...
2021. 4. 28.

SNS마케팅의 본질... [6]
2021. 4. 9.

- 라이프+취미

책이 좋아 살아가는 사람들...
서점을 하고 싶었던 적이 있었다. 그
럴지만 특힌서절의 어려움을 꽤나
적나...
2022. 10. 17.

이제서야 만난 내가 꿈꾸던
토로나 사태로 몇개월 회사에서 정
면 재택근무를 집행했다. 입사 초반
적응...
2022. 10. 4.

사라져가는 구도심 마을 회... [4]
시골이 없는 나는 가끔 시골이 있었
으면 좋겠다는 생각을 한다. 좋이 첼
...
2022. 9. 24.

- 심디+관계+처세

초심자의 마음- 좀 더 만족... [1]
육아휴직을 시작하고 가장 처음 딴
입찬 아이와 함께 수굴럴제를 함께
해줄...
2022. 11. 28.

구체적인 데이터로 증명된 ...
일주일 푸쁜 2주일에 판 번, 도서관
에 가면 가장 먼저 찾루는 곳은 -
심...
2022. 11. 24.

점점 잃어버리는 네 '시간'을 ...
비흔대비 효율을 최꼬로 중시한던
시절이 있었다. 넘치는 채력과 시
간- 그...
2022. 11. 14.

그 당시 내가 마련한 해결책은 TV와 드라마, 영화 등 내가 좋아하는 것들을 '시청하는 시간'을 최대한으로 줄이는 것이었다. 1년이라는 기간을 정하고 좋아하는 드라마와 영화를 모두 멈추고 지속적으로 책을 읽고 리뷰를 쌓았다. 시간은 한정되어 있고 해야 하는 것과 하고 싶은 것을 다 할 수는 없으므로 선택을 해야 했다.

이처럼 나를 위한 시간을 확보하려면 다른 것들에 대한 선택적 중단은 필수다. 그것이 누군가와의 만남일 수도 있고, 문화생활 혹은 또 다른 즐거움일 수 있지만, 하고 싶은 모든 것을 다하면서 원하는 것을 다 이룰 수는 없다. 일단 24시간이 그렇게 긴 시간은 아니기 때문이다. 그러므로 내 우선순위를 위해 어느 것을 중단할 수 있을지 생각해봐야 한다. 혹은 목표가 시험이라면 시험에 합격할 때지만 참으면 그 이후에는 마음껏 만날 수 있으니까- 라는 생각으로 자신을 달래는 것도 괜찮다.

지인들과의 약속 혹은 술자리 등을 줄이는 것도 선택에 제외되는 항목 중 하나일 텐데, 왠지 내가 그 모임에 나가지 않으면 소외되거나 뒤처질 것 같고 하는 걱정이 든다면, 현재의 나를 위해 가장 필요한 무엇인지 한 번 더 생각해보자. 나를 위한 성취인지 관계인지 단적으로 하나를 '선택'

한다고 가정해보면 어떤 것이 답인지는 금세 알 수 있을 것이다.

좋은 관계란 만나는 횟수에 좌우되는 것은 아니며, 지금 술자리에서 만나는 사람의 수가 나의 인맥의 총합은 아니다. 관계는 시시각각 변화하고, 내가 지금 어디에 몸담고 있는지, 어느 지역에 있는지, 어디에 관심이 있는지 등에 따라 내 주변의 사람들이 달라지는데, 이 사람들이 오래도록 유지될지는 지금이 아니라, 더 시간이 흘러봐야 알 수 있다.

판단이 쉽지는 않겠지만, 그냥 서로 좋을 때 좋은 관계가 아니라, 상황이 좋지 않을 때, 내 곁을 지켜주는 사람, 혹은 내가 잘 되었을 때 시기하지 않고 이를 축복해주는 사람 정도만 관계를 맺어도 괜찮다. 지금 내 '목표'가 있어서 이를 달성하기 위해서 잠시 만남을 줄인다고 할 때, 서운해하는 사람도 있을 수 있는데 그것만으로도 끊어질 관계라면 어차피 오래 유지할 수 있는 관계는 아니니 그쯤에서 자연스럽게 멀어지는 것도 나쁘지 않다.

5.

목표 달성을 위한
세부 실행 방법과 주의점

일단 어느 정도 내가 시간을 쓰는 패턴을 알았고 하고 싶은 것들이 어떤 것인지 대략 바운더리가 정해졌다면 내 시간을 어떻게 쓸지 생각해보자. 내가 추구하는 가치들을 기준으로 무엇을 하고 싶은지, 또는 어떻게 되고 싶은지를 구체적으로 써본다. 그것이 직업과 관련된 것일 수도 있고, 무언가 취미로 할 수 있는 것을 잘하게 되는 것일 수도 있으며, 혹은 누군가의 기대에 부응하는 것일 수도 있다. 이를 '성취하기 위해' 새롭게 마련한 그 시간을 사용해보는 것이다.

목표에 따라 한 달이 걸리는 계획도 있을 수 있고, 몇 달, 몇 년이 걸리는 계획도 있을 수 있다. 일단 어딘가 눈으로 확인할 수 있는 곳에 써두고, 이를 지속적으로 자신에게 각인시킨다.

목표를 실천하는 계획을 세울 때에는 최대한 심플하면서도 스텝 바이 스텝으로 단계적으로 세우는 것이 중요하다.

운동화 끈을 매는 것처럼 간단하게 알 수 있는 형식으로 심플하게, 3년을 목표로 한다면 이를 연단위, 월 단위, 주 단위, 일 단위로 자세히 쪼개서 가능한 한 입에 먹을 수 있도록 진행해야 한다.

계획을 세우는 것도 서툰 타입이 있을 수 있다. '나는 게을러서 못해.'라고 생각하는 사람들 중 의외로 완벽주의자들이 많다고 하는데, 계획을 너무 잘 세우려고 이것저것 하다가 미리 지쳐버리거나, 자신이 생각하는 자신의 '완벽'이 혹 실행에서 무너질까 봐 아예 시도조차 하지 않는다는 것이다.

처음부터 완벽하게 계획을 세우려다 보면 시험공부 전날 책상 치우다가 지치듯, 계획에서 부터 이탈할 가능성이 있으니 '일단 한다'를 중심으로 부담 되지 않게 가볍게 세우는 게 좋다. 뭔가 거창한 것 같고 잘 모르겠으면 일단, 3일 정도 실제로 실행해보고 이게 나에게 맞는 계획인지, 실현 가능성이 있는지를 타진해보는 것도 효율적인 방법일 수 있다.

또 하나 잊지 말아야할 것은 너무 많은 꿈을 한 번에 이룰 생각은 하지 말아야 한다는 점이다. 한 사람이 과외로 할 수 있는 프로젝트는 최대 3가지이다. 잠을 줄이고 또 다른 무언가를 더 줄여서 할 수는 있겠지만, 무리하면 언젠가 탈이 나기 마련이다.

이 같은 열정과 의지는 '초심'과는 다르게 시간이 지나면 무너질 가능성이 크기 때문에, 누군가 함께 할 사람을 찾아 같이 실행한다면 서로 '독려'하게 되어 효과가 더 좋아진다. 단, 지인과 '나의 목표를 함께할 사람'이 일치하지 않는 경우가 부지기수이고, 내 목표가 누군가의 입에 오르내리는 것을 원하지 않을 경우, 인스타그램 혹은 블로그 등을 활용, 공공으로 보여주면서 인증하는 방법을 추천한다.

내 경우에도 책 리뷰로 어느 정도 미라클모닝이 습관화된 이후 또 다른 도전을 위해 직장생활과 수험공부를 병행한 적이 있었는데, 회사에 '수험공부'를 하는 것을 알리고 싶지 않기도 했고, 지인들이 알게 되는 것이 부담스러워 인스타그램에 '공스타' 계정을 만들어서 활용했었다. 현재는 습관과 계획, 성취 등을 지속적으로 기록, 확인하는 용도로 지속하고

게시물 2201   팔로워 778   팔로우 1007

데피. 긍정적 디벨로퍼
디지털 크리에이터
16년차 디지털마케터
계획하고, 실천하고, 습관으로 만듭니다.
#기상인증 #미라클모닝 #새벽러닝 #공부스타그램 #studygram #공스타 #skyphotography #하늘사진 #habittracker #wakeup #오운동
blog.naver.com/defie

lareiumma, dia.mont.books, kim_reuters_photojournalist님 외 6명이 팔로우합니다

defie planner   Tips

■ 게시물   ⊘ 릴스   ⊞ 태그됨

2023년 1월
6
금요일 오전 3:24

Today I learned

- 영어 - With the introduction of coffee and tea, people switched from depressant to a stimulant. 커피와 차가 소개되어 사람들이 진정제에서 각성제으로 전환하였다.
- 어휘 - 병행성팽 : 같다던 것을 수 없다면 어느 시점에는 무언
- 이야기 2학년 11챕터 피웠고, 태도가 훌륭한 아이는 분치와 웨거에 스스로 집중했다.

"영어 내가 아는 게 사실이라면, 작가는 저희들 눈에 예뻐임 화살이 담겨있다는 의미이지도, 솔라리스에서 세 시간 동안 생활한 이 깜박한 여정 속에서는 결코 기대할 수 없었던 그런 의미 말이야."
솔라리스 中

2023년 1월
5
목요일 오전 3:02

Today I learned

- 영어 - crumbs, crumbs and rebelle : 송색, 굵거리, 길은
- 어휘 - 옥음 : 생각이나 당장에 확계되는 관심행
- 신설 재노영산 현의의 인정받은 현자가 연구팀장이나도 2020년, 류은 시는 편지대서.

"여기 상식까지 발설 났으은 관정책 원리는 것을 알았네비
이곤 본자에쓰는 그로 오노질 수 없다. 그가들은 우리가 알고
아니는 경기 인색하며 손 역살날은 과정한을 갈게에기도 약일은
가오을 날아버렸다. 감정을 만드는 상에 차성을 읽지 않으며
행쇄는 군오는 없을 수 없다."
읽는 사람 中

2023년 1월
4
수요일 오전 4:02

Today I learned

- 영어- We go from the cleanest thing to the laziest thing. 우리는 확실한 것에서부터 게을러짐나 갈수고 있어요. (그러니 바람 게맘 리리는 : 그 만내다 why~? how~? what)
- 어휘 - 메스지자 : 멈음 한상의 편계송하나
(운동 성가 홈카는는 이야기넘 때 사용)
- 복자 연여 도서관에- 좋은 거리감비어 아직 남아었다.

"이노는 등질은 실재자 뿐길이면
미세 살씩에서도 피어난 실선범 이루어면 심장이 챙으고고,
실재에는 자기 눈에에 대한 조항은 발송까지도 발이야다."
읽는 사람 中

2023년 1월
3
화요일 오전 3:02

Today I learned

- 영어 - Caffeine isn't heroin; rapid withdrawal won't kill you. 카페인은 마약같은 아니어서 빨리 끊는다고 곤 대는 입니는 없는거.
- (어휘) 두페싱 : 뛰어어기 : 먹을을 발행서 두두두 소리를 내는 것
- 오늘은 내식 근육난련이 가능한 테니니 또에 어께 '맑음 위의 운동이 아파는 많이 걸리가나 비꾸어면 회복이 오래걸린다.

"인쟁자들을 조제 그녀나의 '주우서 수엘세어서 '실천이어는 것이다. 그 멤버는 아직 오래길하에요은 제도가 부여받아다는 것을 해당였고, 그래서 지금 우리 인간들 종에 단요하게 물독을 고수하고 있다는 것이 이 주장의 대상인데야?"
솔라리스 中

2023년 1월
2
월요일 오전 5:29

있다.

'작은 성취와 노력을 쌓고 그 결과물들이 만들어낸 큰 실체를 본다'는 말에 딱 맞는 것이 SNS나 블로그 인증이다. 그저 나를 위해 올려두는 것이고 '지극히 개인용'이라고 해도 비슷비슷한 해시태그 등으로 유입되는 사람들이 생기고 그들과 함께 의지를 북돋을 수 있다. 하루하루 쌓이는 인증으로 '나의 성과의 실체'를 볼 뿐더러 팔로워수가 느는 것은 추가적인 즐거움이 된다.

조심해야 할 부분은 인스타 등의 SNS 업로드에 지나치게 집착하게 되면 정작 내 목표는 상실하고 그저 '보여주기용으로 인증샷만 찍는 것'같이 주객이 전도될 수 있다는 점이다. 모든 습관이나 계획에는 변수가 반드시 따르고, 내 목표는 '실천과 행동'이지 '인스타 콘텐츠, 팔로워 늘리기'가 아니라는 것을 잊지 말아야 한다.

내 몸이, 혹은 내 상황이 여의치 않을 경우에는 잠시 그것을 떠나 있는 것도 방법일 수 있다. 누군가가 강요해서 하는 것이 아니기에, 이를 멈추는 것도 내 의지로 해야 하며, 그래야 이후에도 어렵지 않게 다시 돌아올 수 있다.

첫 걸음 떼기가 가장 어렵다. 어떻게 할지 모르겠다면 '30분 정도 일찍 일어나 하루를 정리한다'는 목표를 세우고, 하나하나 단계를 정하는 것도 방법이다.

나만의 아침 루틴 시작법

첫째 날, 침대에서 일어나보기 (다시 잠들어도 된다.)

둘째 날, 일어났다면 물 한 잔 마시고 오기

셋째 날, 물 한 잔까지 마셨다면 이제 책상 앞에 앉기

넷째 날, 책상 앞에 앉았다면, 지금 기분을 한 줄로 남겨보기

다섯째 날, 기분 한 줄에, 오늘 할 일을 한 줄 더 써보기

이런 식으로 차근차근 진행해도 괜찮다. 그리고 이를 하나씩 내 인스타그램계정에 업로드해보는 것이다. 하나가 성공하면 그 다음은 더 쉽고, 그 다음엔 더 힘이 난다, 한 번 속도가 붙으면 그 다음에는 더 빠르고 크게 변화할 수 있다.

중간에 실패했다면 나에게 좀 더 쉬운 방법으로 다시 시도해보면 된다. 굳은 의지가 완벽한 실행으로 이어지는 사람은 많지 않다. 50%, 60%만 달성해도 괜찮다. 포기하지 않고 다시 시작하는 마음만 있으면 된다.

자기효능감이라는 말이 있다. 어떤 문제를 자기 자신이 해결할 수 있다고 믿는 자기 자신에 대한 기대감이나 신뢰를 뜻하는 말로, 습관이나 변화를 다루는 거의 모든 책에 등장하는 용어이기도 하다. 변화와 발전은 내가 나를 믿는 데서부터 출발하기 때문이다.

'내가 되겠어?', '내가 뭐 그렇지…' 자기비하와 자기혐오는 굳이 내가 하지 않더라도 사방에 가득하다. 자기 효능감을 가지고, 나는 그저 내 자신에게 '할 수 있다'는 응원과 격려를 보내주자.

6.

10분도 놓치지 않아!
시간 관리를 위한 실행 스케줄러 샘플

앞서 설명한 나의 가치─삶의 목표─ 시간 관리를 지속적으로 관리하려면 이에 맞는 스케줄러를 쓰는 것이 큰 도움이 된다. 그간의 경험을 바탕으로, 내가 실제로 사용하고 있는 실행 스케줄러를 소개한다.

먼저 가치 카드를 적용해 내 삶의 '핵심가치'를 확인하고 나면 이를 각각의 인생의 가지에 맞게 실행할 방법을 찾아본다. 다음은 2023년 내가 지향하는 삶의 가치들이다. 삶의 가지당 세부 목표를 만들어두었고 이와 별도로, 나를 더욱 발전시키기 위한 '발전' 카테고리를 하나 더 넣었다.

카테고리	분류 기준	실행 세부
Habit & Develop	습관 / 배우기	스피치 / 운전
Work & Project	업무 / 프로젝트	회사업무 / 1인 브랜딩
Jiyou	아이 케어	좋은 엄마 되기
Study & Reading	공부 / 독서	영어 / 독서 지속
Self-care & Rest	셀프 케어 / 휴식	식단 / 러닝 / 휴식
Relation & Play	여가 생활 / 관계	관계 중심 잡기 / 다양한 경험
House & Living	집안 일 / 생활	미니멀 라이프 / 이사

　아래는 10분 단위로 기록하고, 주단위로 계산하는 데일리 스케줄러 샘플이다. 시간 관리를 기본으로 하고 있기 때문에 카테고리별 시간을 어떻게 쓰는지 기입, 파악할 수 있도록 해두었다. 카테고리별 목표를 연간/월간/주간 단위로 세분화시켜 실행에 대한 세부 내용을 기록한다.

　목표 달성 부분은 '실행여부'를 수치로 정리 횟수를 기록하고, 정성적인 항목으로도 함께 기록해서 이를 종합적으로 살펴본다. 열심히 하려는 나를 스스로 믿고 있지만, 이런저런 핑계를 대면서 하기 싫어하는 내 모습도 알고 있기 때문에 다각적인 분석과 채비가 필요하다고 생각해서 추가해두었다.

Weekly Aim	2023. 2. 27	2023. 2. 28	2023. 3. 1	2023. 3. 2	2023. 3. 3	2023. 3. 4	2023. 3. 5
주간 목표				일간 일정			
Weekly To do	To do list	To do list	To do list	To do list	To do list	To do list	To do list
주간 할 일				일간 할 일			

10분 단위 타임시트

Time Management					
Items	월 화 수 목 금 토 일	Total			

카테고리 별 시간사용 집계

Aim & Do

2023 목표	Monthly action	weekly action	월 화 수 목 금 토 일	Total
1 말, 글 바로쓰기	읽기, 낭독, 발음주의	매일아침루틴		0.00
2 문전마스터하기	재반 시스템 이해	계획세우기		0.00
3 투잡성공/회사탈출	스토어 준비	일정, 계획등세부항목		0.00
4 책한권 내기	꾸준이 글쓰기	소개글등		0.00
5 좋은엄마되기	외국어/독서 꾸준이 실행	재미있게 놀아주기		0.00
6 외국어/독서	건강관리/마음관리	매일미루틴		0.00
7 건강관리/마음관리	항수제한	가게부율 고려		0.00
8 관계중심잡기				0.00
9 미니멀라이프	1일1정리/1일1버리기	매일미기록		0.00
10				0.00
				0.00%

연간목표 → 월간목표 → 주간목표
일간 달성률 기록(10점 만점 기준)

Habit & Develop

Items	월 화 수 목 금 토 일	Total
1 자세교정		14.29%
2 차분히 말하기		28.57%
3 유튼1회		14.29%
4 1일 1정리		14.29%
5 절주		14.29%
6 절약		28.57%
7 엄마랑 전화 오후		0.00%
8 기록-일기/인스/몸		28.57%
9 미성봉가기		28.57%
10 발음교정(20분)		14.29%
		17.14%

일간 발전&습관
실행 기록

Work&Project

	월	화	수	목	금	토	일	Total
review								
writing								0
store								
do insta								

Jiyou

	월	화	수	목	금	토	일	Total
Korean								
Math								0
Diary+Pic								
TV시청시간								

Study & Reading

	월	화	수	목	금	토	일	Total
E.reading								0
E.talking								
Jasanese								
reading								
reading후기								

Self care and rest

	월	화	수	목	금	토	일	Total
beakfast								0
								0
								0
drinks								0
run								0
steps								0

일간 발전&습관 기록 외
카테고리 일별 진행사항 세부기록

Relation & Play

	월	화	수	목	금	토	일	Total
만남								0
선물								0
								0
								0

House & Living

	월	화	수	목	금	토	일	Total
1일1정리								0
1일1버리기								0
								0

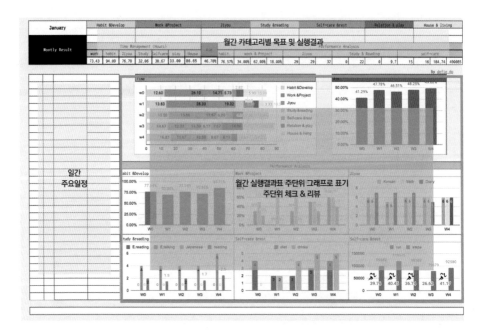

월간 카테고리별 목표 및 실행결과

월간 실행결과표 주단위 그래프로 표기
주단위 체크 & 리뷰

일간
주요일정

2023 Aims	Habit &Develop	Work &Project	Jiyou	Study &reading	Self-care &rest	Relation & play	House & living
	꾸준한발전	1인브랜딩으로 수익충대		좋은엄마되기 2023년 카테고리별 목표	식단/러닝/휴식	관계중심잡기/다양한경험	머니밸런이트/여자

Montly Result	Time Management (Hours)								Performance Analysis														
	work	habit	Jiyou	Study	Selfcare	play	House	Aim	habit	work & Project			Jiyou			Study & Reading				self-care				
										리뷰	북	스토어	영어	수학	그림	브리딩	E회화	J리딩	독서	다이어트	기타	달리기	컬룸수
1	73.43	94.09	76.70	32.06	30.67	33.00	86.65	46.70%	76.57%	34.00%	62.00%	18.00%	29	29	32	0	22	0	9.7	15	16	184.74	490085
2	9.83	18.17	19.33	8.17	8.50	8.83	11.50	27.86%	42.86%	0	0	0	4	0	3	0	0	0	0	0	0	0	0
3	oading	oading	19.17	oading	oading	oading	oading	0.00%	17.14%	0	0	0	0	0	0	0	0	0	0	0	0	0	0
1st quarter reviews	oading	oading	35.40	oading	oading	oading	oading	24.85%	45.52%	0.11	0.21	0.09	9.67	9.67	12.00	0.00	8.33	0.00	3.23	7.54	8.00	92.37	245042.1
4	0.67	5.33	2.67	2.00	4.00	4.00	4.00	0.00%	0.00%	0	0	0	0	0	0	0	0	0	0	0	0	0	0
5	0.67	5.33		4.00	4.00	4.00	4.00	0.00%	0.00%							0.00	0.00	0.00	0.00	0.00	0.00	0.00	0.00
6	0.83	6.67		5.00	5.00	5.00	5.00	0.00%	0.00%														
2nd quarter reviews	0.72	5.78	4.33	4.33	4.33	4.33	4.33	0.00%	0.00%	0.00	0.00	0.00	0.00	0.00	0.00	0.00	0.00	0.00	0.00	0.00	0.00	0.00
7	0.67	5.33	2.67	4.00	4.00	4.00	4.00	0.00%	0.00%	0	0	0	0	0	0	0	0	0	0	0	0	0
8	0.83	6.67		5.00	5.00	5.00	5.00	0.00%	0.00%														
9	0.67	5.33	2.67	4.00	4.00	4.00	4.00	0.00%	0.00%	0.00	0.00	0.00	0.00	0.00	0.00	0.00	0.00	0.00	0.00	0.00	0.00	0.00
3rd quarter reviews	0.72	5.78	2.89	2.17	4.33	4.33	4.33	0.00%	0.00%	0.00	0.00	0.00	0.00	0.00	0.00	0.00	0.00	0.00	0.00	0.00	0.00	0.00
10	0.67	5.33	2.67	2.00	4.00	4.00	4.00	0.00%	1.43%	0	0	0	0	0	0	0	0	0	0	0	0	0
11	0.83	6.67	3.33	2.50	5.00	5.00	5.00	0.00%	0.00%	0	0	0	0	0	0	0	0	0	0	0	0	0
12	0.67	5.33	2.67	2.00	4.00	4.00	4.00	0.00%	2.86%	0	0	0	0	0	0	0	0	0	0	0	0	0
4th quarter reviews	0.72	5.78	2.89	2.17	4.33	4.33	4.33	0.00%	1.43%	0	0	0	0	0	0	0	0	0	0	0	0	0
Total	oading	oading	11.0166	oading	oading	oading	oading	6.21%	11.74%	0.03	0.05	0.02	2.42	2.42	3.00	0.00	2.08	0.00	0.81	1.88	2.00	23.09	61260.6

카테고리 별
시간 활용
월단위 집계

카테고리 별
실행 수치
월단위 집계

일간 실행 부분을 주단위로 통계화시켜 점차 발전해나가고 있는지 어느 부분이 부족한 지를 가시적으로 확인할 수 있도록 월 단위 통계표로 월간 마무리를 진행한다. 스스로 하고 있는 자기관리이기에 해이해지지 않도록 나를 코칭하듯 매주 결과를 인스타그램에 올려두고 반성할 부분을 적어둔다. 아무도 보지 않더라도 내가 보고 있고, 업로드의 약속을 지켜냄으로써 열심히 했다는 것 또한 '나 자신'이 알아주면 된다.

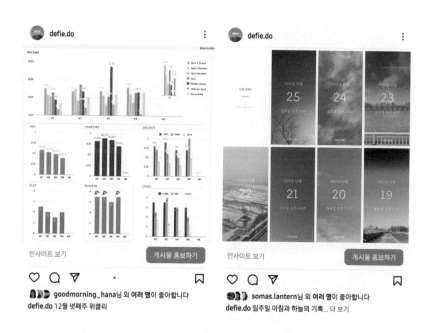

"차곡차곡 쌓이는 시간의 경험치만큼

중요한 것은 없다."

"하고 싶은 모든 것을 다하면서 원하는 것을 다 이룰 수는 없다.

일단 24시간이 그렇게 긴 시간은 아니기 때문이다."

Life   Time   Mental   Relation   Work   Habit

3장

개복치도 자기는

지켜야지,

무너지지 않도록

: 멘탈 관리법

1.

멘탈 관리가
필수적인 이유

'멘붕'이라는 말을 들어보지 않은 사람은 거의 없을 것이다. '멘탈 붕괴'란 큰 사고, 뜻하지 않은 사건 앞에서 이를 조절, 제어하고 받아들이는 능력이 잠시 상실됨을 의미한다.

멘탈이 약한 사람이 있고, 강한 사람이 있고, 예민한 사람이 있고 둔감한 사람이 있다. 또한 기질과 환경 등이 함께 연결되어 있어 내가 '이런 사람이었지.'라고 규정짓는 순간 그 규정에 자기 자신을 가두어두게 되는 경우도 부지기수다.

몸이 아프면 병원에 가지만, 멘탈이나 정신적인 부분이 아프면 병원에 가기를 꺼리는 사람이 많다. 그렇지만 몸만큼 정신도 잘 케어하고 지켜 줘야 내가 잘 살아갈 수 있다.

2022년 보건복지부에서 발표한 2022자살예방백서를 보면, 우리나라 자살률은 10만 명당 24.6명으로 OECD회원국 평균 11명 보다 2.2배 높으며 10대와 20대를 제외하고 전 연령층의 자살률이 1위라고 한다.

또한 전 연령에서 사망원인 통계를 봐도 심장질환, 폐렴, 뇌혈관 질환 다음이 바로 '자살'로 정신적인 케어의 중요성이 높아지고 있는 상황이다. 자살의 주된 동기는 바로 '정신적인 어려움'.

너무 극단적인 이야기로 들릴지 모르겠지만, 멘탈의 붕괴가 만성화되면 '정신적인 어려움'의 상태로 돌입하게 되고 이는 되돌릴 수 없는 결과로 이어지게 될 가능성이 크다.

어떤 성격이라도 장단점이 있다. MBTI가 지배하는 세상에서 E는 외향적, I는 내향적으로 I보다는 E를 더욱 선호하는 분위기가 사회 전반에 걸쳐 있는 것 같아 보이는데, 일단 모든 성격에는 장단점이 있다. 대범하면 세세한 것을 놓치는 면이 있을 수밖에 없고, 세심하면 그 주위 모든 것을 다 살펴야 하기 때문에 대범할 수 없는 것이므로 우위를 정할 수 없다. 그저 나와 주어진 성격을 상황에 맞춰 그 장점을 취하면 그뿐이다. 따라서 성격 등에 연연하지 않고, 내 '멘탈'을 지킬 수 있는 방법을 '스스로' 알고 있어야 한다.

의외로 내가 생각하는 나와 타인이 보는 나는 일치하지 않는 경우가 대부분이다. 내가 생각하는 나의 MBTI가 결과와 달라 당황하는 사람들도 종종 볼 수 있는데 그 간극이 어디에서 일어나는지, 어떤 모습을 내가 사람들에게 보여주고 싶은지 조금 더 생각해보는 것도 도움이 된다.

특히나 SNS 등 나를 '보여주는' 수단이 발달한 시대를 활용해 나를 보여주는 사회적인 모습을 하나 더 준비해두는 것도 나쁘지 않다. 친한 사람과 있을 때에는 수다스럽고 대화를 이끄는 편이지만, 낯선 사람 앞에서는 그렇지 않다면, 연기를 하듯 '지금 저들은 나와 친한 사람'이라고 자기 최면을 걸어보는 것도 상대방에게 내가 보여주고 싶지 않은 부분을 들키지 않는 방법 중 하나다.

타인에게 무언가를 권유하거나 타인 앞에서 하고 싶은 것을 주저하게 되는 주된 이유는 상대방이 나를 어떻게 볼지, 잘 보이고 싶은데 그렇지 못할지도 모른다는 것에 대한 불안감이 있기 때문이다. 사랑받고 싶고 관심받고 싶어 하는 것은 우리 모두의 속성이니까~ 그렇지만 월급을 주는 사장님 등 먹고사니즘과 결합된 돈이 걸린 것만 아니라면 내가 상대에게 굳이 '좋은 인상'을 주어서 특별히 득 되는 것은 많지 않다.

　　그리고 사람들은 자기 자신을 가장 사랑한다. 다르게 말하면, '생각보다 나에 대해 관심이 없다'.

2.

멘탈 관리를 위한
기본 좌우명

피트니스 센터에 하루 간다고 바로 근육이 생기지 않는 것처럼 마음도 '한 번에 단단해지는 것'이 아니다. 따라서 평소에 마음을 강하게 만드는 기본적인 철학과 노력이 필요하다.

멘탈 관리가 잘 안된다고 아무것도 안하고 움츠러들기만 해서는 아무것도 바뀌지 않는다. 비온 뒤에 땅이 굳고 단단해지듯 부딪쳐야만 성장한다. '피할 수 없으면 즐겨라'의 경지는 보통사람의 영역이 아니니 제외하고, 내가 현재 유지하고 있는, 멘탈 관리를 위한 기본 좌우명은 바로 이거다.

"까짓거— 한번 해보지 뭐, 안 되면 안 되는 거고."

뭔가 더 잘하고 싶어지면 의욕이 생기는데, 이 의욕의 양만큼 긴장감에 몸이 굳어진다. 그래서 모순적이게도, 잘하고 싶은 마음이 간절하면 간절할 수록 더 잘 안 되는 경우가 허다하다.

내 경우에는 홍보 대행사 업무 특성상 제안 발표를 많이 해야 했는데, 큰 프로젝트 일수록, 욕심을 부릴수록, 부담감에 제대로 준비한 것을 보여주지 못하는 경우가 종종 있었다. 어떤 발표장에서는 너무도 떨린 나머지 과호흡으로 헉헉거리면서 누군가에 쫓기듯 후다닥 발표를 끝낸 적도 있다. 나중에는 실수를 하지 않기 위해 모든 발표문을 외워서 들어가기도 했었는데, 외워서 하는 발표의 문제점은 '상황을 유연하게 이끌어가지 못한다는 것'— 그렇게 긴장은 계속 나를 따라다녔다.

꼭 들어가고 싶었던 회사의 CEO면접에서 긴장이 너무 심해 준비한 말은커녕 내 스스로 실패의 경험을 인정하는 발언을 하고 나온 적도 있다.

인터뷰는 짧게 끝났지만 어이없어 하던 CEO 눈빛은 기억에 오래 남았고, 며칠 동안 이불킥을 하면서 나 자신을 참 싫어했었다. 다시는 그렇게 나를 미워하지 않기 위해서 좀 더 나아지는 방법들을 찾아보게 되었다.

부담을 떨치고 내가 준비한 것들을 모두 보여주려면 일단 목과 어깨에 들어간 힘부터 빼야 한다. 심호흡을 크게 한 후 이 곳을 나를 '좋아하는 사람들이 가득 모인' 공연장으로 치환한다.

내 앞의 사람들이 나를 '판단하거나 심사하러' 온 사람들이 아니라. 나를 기꺼이 보러온 팬들이라고 생각하는 것이다. 이곳은 내가 해온 것을 제대로 보여줄 무대(Stage)이며 지금이 나에게는 그간의 연습을 멋지게 보여줄 쇼 타임(Show time)이라고 여기는 것이다.

첫 번째, '까짓 거- 한 번 해보는 거지.'

면접이든 발표든, 어느 자리에서든, 준비해온 것을 마음 편하게 모두 이야기하고, 끝까지 동등한 위치임을 잊지 않는다. 예의 바르지만 당당하게, '까짓 거 해본다'는 정신으로 진행해보는 것이다. 실수는 할지라도 이 실수로 '내 삶이 망하거나, 세상이 무너지거나' 하지는 않는다는 것을 머릿속에 넣고 대범하게 말이다.

열심히는 했지만, 내 희망이나 기대와는 다르게 결과가 좋지 않을 수 있다. 세상에는 아주 다양한 변수가 존재하니까— 이에 대한 대처는 다음과 같다.

두 번째, '안 되면 안 되는 거지.'

안 되면 어떤가— 살아 있는 한 기회는 있으니까— 내가 포기하지 않는 한, 그리고 준비하는 한 기회는 또 온다고 생각하면 어떤 결과에도 '멘탈'을 지켜낼 수 있다.

구글 데이터 기술자이자 경제학자인 세스 스티븐스 다비도위츠는 책 『데이터는 어떻게 인생의 무기가 되는가』에서 합격, 취직 등 바라던 사건이 일어나면 행복도가 크게 올라갈 것이라고 사람들은 생각하지만, 정작 그 일을 이루고 난 사람에게 확인한 결과 그 영향은 생각보다 오래가지 않는다고 이야기했다.

반면 어떤 일을 실패하거나 지독한 고통을 겪은 사람은 자신의 겪은 고통만큼 그 일을 기억하지 못한다고 한다. 이는 사람이 가진 순간효용과 기억효용의 불일치 때문으로 자연적으로 나쁜 경험은 빨리 잊고 싶어 하고, 좋은 경험만 오래 기억에 남기고 싶어 하는 뇌의 작용 덕분이다.

연인이 헤어지고 난 뒤 '헤어지게 된 치명적인 이유'는 잊어버리고 그때의 순간들을 '소중하게' 추억하는 것도 이 같은 인지편향이 작용했기 때문으로, 예외는 거의 없다.

따라서 이를 지금의 내 상황에 적용시켜 과학적이고 논리적인 이유로 '지금은 이렇게 괴롭지만 후에 이 상황은 다르게 기억될 것이다.'라고 생각하는 것도 하나의 해결 방법일 수 있다.

3.

아무리 생각해도
나는 '패배자'인 것 같다면

최근 일본에서 히트를 기록한 '아무것도 하지 않는 사람'이라는 대여 서비스에 대해 알게 되었다. 사람을 상대하는 어떤 일에도 적성이 맞지 않아 고민하던 일본의 한 프리랜서 작가가 '급여란 존재하는 것만으로도 얻을 수 있다. 아무것도 하지 않는 사람에게도 가치는 있다.'라는 어느 심리상담사의 이야기에 힘입어 실험적으로 시작한 서비스다.

비용은 의뢰자도 서비스 제공자도 부담 없도록 무료, 트위터로 의뢰를 받아 서비스를 제공하고 교통비만을 지급받는 이 서비스에서 '아무것도 하지 않는 사람'의 역할은 의뢰인을 만나 그저 가만히 있어 주는 것이다. '이혼서류를 내러 갈 때 같이 가주세요, 재판장에 앉아 있어주세요, 공연에 함께 가주세요.' 서비스 의뢰자들은 그저 누군가 '옆에 있어주는 것'만으로도 '아무것도 해주지 않아도' 위안을 얻고, 힘을 내서 자신이 원하는 것을 이루었다.

2018년에 시작된 이 서비스는 현재까지도 이어지고 있으며, 그 내용이 책으로 발간되었고, 드라마화되기까지 했다. 사회생활 부적응, 그렇다고 굳은 의지나 열정도 없던 한 사람이 모자를 푹 눌러쓰고 어색하게 상대를 만나 함께하는 것만으로 사람들에게 위안과 힘을 준 것이다. 사회적 기준을 맞출 수 없다고 생각했던 사람이었지만, 그저 나답게 '내가 잘하는 것'을 찾았고 현재 그와 같은 생활을 성공적으로 이어나가고 있다.

지금, 사회가 생각하고 있는 가치가 '나'와 다르다고 해서, 내가 패배자라는 것은 아니다. 아무것도 하지 않는 사람의 '그'처럼 나다운 것을 천천히 찾아가면 된다.

또한 모두가 지금 당장 판단을 내리고 결과를 확인하고 싶어 하지만, 지금 표면적으로 보이는 결과, 특히 실패는 한 지점이 아닌 긴 시간의 단위로 보았을 때, 실패가 아닐 수 있다.

가령 야심차게 들어갔던 회사에서 제대로 적응을 하지 못하거나, 여러 사정으로 3개월 만에 나와야 했다면(그렇다, 이것도 내 이야기다, 더군다나 앞서 이야기 한 회사와 또 다른 회사다.) 그 당시 기준으로 이는 명

백한 실패다. 그렇지만, 그 이후 절치부심해서 새로 입사한 회사가 처우나 급여 등이 훨씬 더 좋은 곳이고, 그 곳에서 인정받고 잘 지내게 된다면 앞선 회사의 퇴사는 '실패'가 아니라 '성공'으로 가는 기회를 잡는 단계이자 길목이었을 수도 있는 것이다. 현재의 그 상황만으로 실패와 성공을 가르기에는 아직 주어진 시간과 기회들이 너무 많다.

그래서 반짝거리는 10대, 20대에 큰 좌절을 겪고 세상의 관심 혹은 압박에 너무 시달려서 멘탈이 무너져버린 뒤, 어찌 할 바를 모른 채 고민하다 삶을 스스로 마감해버리는 어린 친구들을 보면 안타까운 마음이 많이 든다. 물론 누구도 대신 겪어줄 수 없는 아픔을 멈추는 것을 가장 최우선으로 생각해서 다시 되돌아오지 못할 그 길을 택한 것이겠지만, 멘탈이 나가고 아무것도 못하고 있는 어려운 상황에 처해 있다면, 나를 멈추는 것이 아니라 그 상황을 외면하거나 멈추면 되었을지도 모르는데 말이다.

너무도 급박한 상황에 몰리면 이성을 잃고, 정확한 판단을 할 수 없게 되는데, 일단 그 상황에 맞닥뜨리지 않게, 나를 보호하는 방법을, 내 멘탈을 '지키는' 방법을 알고 있었더라면 좋았을 텐데—

세상은 '열정과 노력'에 대해서는 많이 이야기하지만, 멈추고, 하지 않는 '선택'에 대해서는 잘 이야기해주지 않는다. 이미 충분히 노력하고 있는 사람에게 '파이팅, 힘내.'라는 말로 더 부담스럽게 만드는 상황이랄까?

"노력했는데 안 되면 별 수 없는 거지. 별거 아니야. 그냥 나와. 그냥 안 하면 돼."라고 누군가가 믿음직스럽게 이야기해주었으면 좋았을 텐데….

해탈의 경지에 이른 사람처럼 이야기하고 있지만, 내게도 멘탈이 무너지는 상황은 많이 있었다. 아니, 지나치게 많았다. 인간에 대한 배신, 뜻하지 않은 해고, 작은 실수로 시작되었지만 그 몇 배로 돌아온 책임, 노력과 비례하지 하지 않는 부정적인 결과… 가족과 지인들이 아무리 곁에 있어도, 내 상황과 책임을 그들이 대신해주는 것은 아니니까 내가 맞닥뜨린 그 상황을 해결해야 하는 것은 온전히 나 자신이어야 하므로 힘들고 외로웠다.

결혼 전 스트레스 해소법은 먹고 마시고 떠드는 것, 그리고 그 상황을 얕잡아보는 것이었지만, 나이가 들고 결혼에 아이까지 돌봐야하니 호기를 부릴 시간도 여유도 없었다. 그래서 멘탈을 부여잡기 위해 '책'을 파기 시작했다.

떨어진 자존감을 세우기 위해 『자존감 수업』을 읽었고, 서점에서 무심코 발견한 『강철 멘탈』이라는 책을 읽었다. 여기에 관계가 문제인가 싶어 『나는 좋은 사람이기를 포기했다』 등의 심리학 책을 읽었고 내게 사기 아닌 사기를 친 그들을 떠올리면서 『친밀한 범죄자』라는 책도 읽었다. 티를 못 내면서도 작은 단어에도 민감하게 반응하는 내가 생각보다 예민한가 싶어 『센서티브』 등의 책도 읽었다.

그리고 책 속에서 발견한 다양한 솔루션을 내 경험 위에 얹어 나만의 멘탈 케어법을 만들었다. 방법을 만들어두고 나면 '위기상황'에서 의외로 쏠쏠하게 사용할 수 있다.

4.

상황은 못 바꿔도
나는 바꿔주는 멘탈 케어법

멘탈 케어법에 앞서 꼭 지켜야 하는 기본 원칙이 있다.

"멘붕 혹은 스트레스 해소를 위해 무언가를 사거나 부수지는 않는다."

소비는 잠깐의 해결책이지만 이후 더 큰 '소비'의 욕구에 빠지게 되고 모든 것이 썰물같이 지나간 순간 허무한 카드빚이라는 두고두고 그 시기를 떠올리게 만드는 최악의 증거물이자 결과물을 만들어낸다. 소비는 모조리 '기회비용'이다. 내가 무언가를 쓰는 순간 다른 값진 것을 할 수 있는 기회가 사라지는 것이다. 따라서 신중해야 하는데, 멘붕일 때는 그럴 수가 없으니 아예 하지 않는 것이 실수를 미연에 줄이는 방법이다.

또한 무언가를 부수거나 망가뜨려서 쾌감을 얻는 '파괴'는 언젠가 물건뿐 아니라 나 자신의 파괴로 이어질 수 있어 하지 않는다.

상황은 못 바꿔도 나 자신은 바꿔주는 멘탈 케어법

1. 종이 한 장을 펴고, 적어 내려간다.

2. 몸을 움직인다.

3. 잘 먹고 잘 잔다.

4. 나만의 케렌시아를 찾아간다.

5. 외면하지 않고 대면한다.

6. 짧게 혼내고 길게 위로한다, 나 자신을.

첫 번째, 종이 한 장을 펴고, 적어 내려간다.

빈 노트, 이면지 무엇이든 상관없다. 종이 한 장을 펴고 그 위에 '지금 나를 괴롭히는' 원인과 상황을 모두 써본다.

머릿속에 괴로움이 가득하면 아무것도 손에 잡히지 않는다. 끊임없는 생각이 지속적으로 나를 힘들게 하고 아무것도 하지 못하게 한다. 그럴 땐 비우기 위해서 '채우는 것'이 방법이다. 머릿속에 복합하게 꼬인 모든 것들을 종이 위에 털어놓는다.

정신과 의사에게 상담을 받으러 가면, 의사들이 가장 많이 하는 건 '들어주고', '동조해주는 것'이 대부분이라고 한다. 이처럼 보이지 않는 누군가에게 심리상담을 받듯 나를 다 털어놓는 것이다.

떠오르는 모든 것을 하나 둘 적어내려가면서 눈앞에 지금의 상황과 내 고민을 확인한다. 번호를 매겨서 적다 보면 비슷비슷한 고민을 부풀려서 하는 내 모습을 알 수 있고, 어떤 부분은 직접적인 원인과 결과가 아님에도 내가 너무 앞서서 하는 걱정이라는 것도 함께 알게 된다.

지나가 버린 문제, 현재 상황, 일어나지 않을 문제 등을 하나씩 확인해본다.

이를 통해 상황에 매몰되지 않도록 나를 객관화 시킬 수 있으며, 리스트로 정리하는 것만으로도 내가 이 상황을 '제어하고 있다'는 마음으로 바뀌게 된다.

두 번째, 몸을 움직인다.

달려도 좋고 걸어도 좋다. 움직이지 않을수록 잡생각은 많아지고 기분은 더욱 침체된다. 오래 생각하고 많이 걱정해도 그 상황은 나아지지 않는다.

또한 몸을 움직이는 것은 생각을 끊어내는 가장 쉬운 방법이기도 하다.

세 번째, 잘 먹고 잘 잔다.

입맛이 없을지라도 '내가 좋아하는 것'을 먹고, 잠이 오지 않을지라도 억지로 눈을 감는다. 한 연구결과에 의하면, 잠을 자지 않더라도 눈을 감고 있는 것만으로도 어느 정도 수면 효과를 볼 수 있다고 했다. 시각에 의한 자극이 없어지면 뇌가 한결 편안하게 느낀다는 것이다.

마음이 무너지면 몸이 무너지고, 몸이 무너지면 마음은 더더욱 안 좋아진다. 잘 자고 잘 먹는 것 만큼 효과적인 위로법이 없다.

네 번째, 나만의 케렌시아를 찾아간다.

나를 바꾸기 위한 가장 쉬운 방법은 다음의 3가지 중 하나를 바꾸는 것이다.

'내가 만나는 사람, 내가 하는 일, 혹은 내가 있는 장소'

멘탈이 나가면 아무것도 안 떠오를 것이 분명하므로 그 전에 내가 편하게 있을 수 있는 마음의 장소 '케렌시아'를 하나 만들어둔다. 아무것도 묻지 않고 그저 내가 편안하게 있을 곳, 내 경우에는 강릉이다. 지인을 만나 이야기를 나누고 못 본 곳들을 가보고 오직 '나'를 위해 하루를 혹은 그 이상의 시간을 온전히 다 쓰고 돌아온다.

다섯 번째, 외면하지 않고 대면한다.

억지로 잊는다고 잊히지 않는다. 도망치면 더 따라오는 것이 그때의 그 실수와 힘들었던 장면이다. 괴롭더라도 떠오르면 그냥 생각하고, 생각난

김에 '뭐가 문제였나? 나는 그럼 어떻게 했어야 했나?' 답을 찾아본다.

아마 그 당시에도 어떻게든 하려고 애썼을 것이므로 '그때는 그것이 최선이었어.'라는 결론에 도달할 것이다.

멘붕의 상황이 종종 꿈에 나타나는 경우도 있는데, 내면에서 그 상황을 반복해서 보여주면서 이를 극복하게 만들어주는 것이라고 한다.

어느 정도 상황에 대해 담담해졌다면 그 다음엔 '그래서 다시 그 상황을 만나지 않으려면 어떻게 해야 하지?' 예방법을 찾는 것으로 생각을 이동한다.

여섯 번째, 짧게 혼내고 길게 위로한다, 나 자신을.

원인이 나인 것도 있지만, 모든 원인이 나인 것은 아니다. 모든 것을 내가 다 책임지고 아파할 필요는 없다. 나의 실수는 단호히 꾸짖고 그 다음 나를 잘 안아주도록 노력한다. 부모가 아이를 혼낼 때 따끔하게 한 번 혼내고 오래오래 안아주는 것처럼 그렇게 나를 안아준다.

5.

성공한 사람들의
멘탈 관리 노하우

"강제 수용소에 있었던 우리들은 막사를 지나가면서 다른 사람을 위로하고 마지막 남은 빵을 나누어 주었던 사람들이 있었다는 것을 기억하고 있다. 물론 그런 사람이 아주 극소수였는지도 모른다. 하지만 이것만으로도 다음과 같은 진리가 옳다는 것을 입증하기에 충분하다. 그 진리란 인간에게 모든 것을 빼앗아 갈 수 있어도 단 한 가지, 마지막 남은 인간의 자유, 주어진 환경에서 자신의 태도를 결정하고 자기 자신의 길을 선택할 수 있는 자유만은 빼앗아갈 수 없다는 것이다."

― 『죽음의 수용소에서』, 빅터 프랭클

2차 세계대전 당시 나치의 유대인 학살지, 아우슈비츠에서 살아남은 빅터 프랭클 박사는 책『죽음의 수용소에서』를 쓰면서, 자신을 포함해 극한의 상황을 견뎌낸 사람들의 특징을 확인하고 이를 바탕으로 새로운 정신학파 '로고 테라피'를 만들었다.

인간은 누구나 의지를 가지고 있고 시련은 이를 더 강하게 만든다. 상황이 아무리 나쁘다고 해도 그 상황을 어떻게 받아들이는 지에 대한 '선택'은 자기 자신이 할 수 있다는 것이다. 로고 테라피는 과거가 아닌 미래에 초점을 맞추고 스스로 삶을 대면하여 답을 찾게 하는 것으로 심리를 케어한다.

세상 모두가 자신을 비웃는다고 느낄지라도 단 한 사람, 나 자신만은 나를 믿어야 한다. 모든 변화는 그 다음에 일어난다.

위대한 업적을 이루었던 인물들도 처음부터 멘탈이 강한 것은 아니었다. 이들은 자신의 역경을 이겨내기 위해 스스로 '멘탈'이 강해지는 방법을 찾아냈고 이를 실천했다.

1) 스티브 잡스의 명상

명상은 스티브 잡스 이외에도 빌 게이츠 및 많은 CEO들이 사랑하는 멘탈 관리법으로 꼽힌다. 불우한 어린시절을 보낸 스티브 잡스는 대학시절 불교에 심취해 선을 배우고, 인도를 오갈 만큼 지속적으로 명상을 해왔다.

명상을 할 때 우리 뇌는 알파파를 보내는데 이는 생각을 없애고 의식을 하나로 모으게 함으로써 스트레스를 해소시켜주고 감정을 다스리게 해준다고 한다.

자신의 직관을 믿고 성공을 거둔 그의 창의력과 통찰력, 경쟁과 혹독한 스트레스에서 자신을 유지시킨 비결 또한 명상으로 꼽힌다.

2) 무라카미 하루키의 달리기

아내와 작은 바를 경영하다가 30대 초반에 글쓰기를 시작한 무라카미 하루키는 지속적으로 움직이던 때와는 달리 종일 앉아있게 되면서 살이 찌고 점점 무기력해지는 것을 느낀 후 혼자 달리기를 시작했다.

오전에 일어나서 오후까지 글을 쓰고, 달리기와 수영을 하는 것이 하루의 기본 루틴으로, 20여 년 넘게 같은 생활을 이어왔다. 달리는 동안은 아무것도 생각하지 않는다. 그저 몸을 움직이고 땀을 흘리면서 다양한 번뇌와 생각들을 없애는 것 뿐이다.

특히나 마음고생이 심하거나 힘들 때는 조금 더 먼 거리를 달려 자신을 조금 더 힘들게 하고 이것으로 한층 자신을 단련시킨다고 생각했다.

3) 오프라 윈프리의 감사일기

사생아로 태어나 불우한 어린시절을 보냈던 오프라 윈프리의 멘탈 관리법은 명상과 감사일기라고 알려져 있다. 그녀는 한 줄이라도 매일 꾸준히 감사일기를 썼고, 주변의 모든 일에 대한 감사를 구체적으로 표현했으며 반드시 긍정문으로 문장을 작성했다.

단어에도 신경을 썼는데 '때문에'가 아닌 '덕분에'라는 말을 사용하고, 모든 문장은 '감사합니다'로 마무리함으로써 자신이 좀 더 긍정적으로 변화할 수 있도록 노력했다.

감사 일기를 꾸준히 쓰게 되면 일상의 작은 것들에 관심을 기울일 수 있고 좋은 일에 집중할 수 있게 될 뿐만 아니라 인격적으로도 성숙해질 수 있다고 한다.

4) 보도 섀퍼와 캘리 최의 확언

26살에 파산하고 4년 만에 부자가 된 후 책과 강연 등으로 현재 많은 이들의 '정신적 멘토'가 된 보도 섀퍼, 그리고 40대에 10억 원의 빚을 진

실패자에서 글로벌 기업 CEO로 성장한 켈리 최, 두 사람의 멘탈 관리 공통점은 확언 등을 통한 꿈의 '시각화'였다. 포기의 유혹, 두려움 그리고 문제들은 언제나 '있는' 것이라고 인식하고 이를 잘 다루는 법을 연구했고, 이를 '시각화'와 '확언'을 통해 극복해냈다.

그 외에 특별한 사건이나 사고가 아님에도 멘탈이 붕괴되는 때가 있는데 현대인의 질병, 바로 '번아웃'이 되었을 때이다. 번아웃은 의지와 성격의 문제가 아니라 누구에게나 일어날 수 있는 현상이다. 보통 의사들은 "스트레스성입니다. 쉬세요."라고 말하는 경우가 많지만 바쁜 사회생활, 현대인들이 쉬고 싶지 않아서 일하는 것은 아니니까–

자신 또한 '번아웃'으로 1년여 기간을 집안에 틀어박혀 지낸 한 정신과 의사는 책 『우린 조금 지쳤다』에서 번아웃 증후군과 번아웃에 잘 빠지는 사람, 그 해결법을 소개해두었다.

번아웃 증후군이란 조절되지 않은 만성 스트레스로 몸과 마음이 고갈된 상태를 의미한다. 지나치게 자신을 채찍질하고 엄격한 사람, 자신의 한계를 깨닫지 못하는 사람, 타인의 기대에 과도하게 신경쓰는 사람은 번아웃에 노출될 가능성이 높은데, 이들이 지닌 인정욕구가 자신을 한계치를 넘겨 과도하게 몰아붙이게 되는 것이다.

그러나 번아웃에 빠지면 이런 사람들이 도리어 해야 할 일을 미루거나 포기하게 된다. 자신은 그런 사람이 아닌데, 그렇게 되었을 때의 무기력증은 상상 이상으로 자신을 괴롭힌다.

일단 번아웃은 내가 열심히 살아왔다는 '반증'이다. 따라서 자책은 금물, 자신의 상황을 인정하고 이를 통해 해결방법을 찾아야 한다. 기본 해결책은 나를 소진하지 않기 위한 워라밸을 찾기— 완벽하게 균형을 맞추려고 애쓰지 말고, 100점 만점을 목표로 삼지 않으며, 오늘 틀려도 내일 다시 하면 된다는 생각으로 사고를 전환시켜야 한다.

이 생각들을 바탕으로 일과 생활의 경계를 명확히 하고, 일에 대한 통제력을 높이는 것으로 삶의 우선순위를 실현하며, 건강을 위해 휴식을 꼭 챙기는 지혜가 필요하다.

Yes 아니면 No, 답이 확실하지 않고 모호할 때 마음은 더욱 불편해진다. 불확실한 시간을 견디는 힘이라는 말이 있다. 어떻게든 결론이 나지 않는 상황은 괴롭지만 그 시간을 거치면 어쨌든 나아진다고 한다. 그냥 알아서 해결되는 것이 아니라 견디는 시간 동안 내가 '강해지면서 이를 해결한 힘이 생긴다'는 것이다. 시간의 힘을 믿자.

마지막으로 나의 멘탈을 무너뜨리는 것은 어지간해서는 다시 만나지 않도록 끊어낸다. 혹 그것이 지인이라면, 처음에 화살은 그 사람에게 향했다가 결국 나 자신에게 박히는 때가 있다. '내가 그러니까 그런 사람이 꼬이는 거지. 왜 그걸 몰랐니? 역시 나는 바보인가, 호구인가.' 이런 식으로 자기에 대한 부정적인 감정이 쌓여 나 자신을 더 미워하게 되는 것이다.

물론 내가 선택해서 함께 한 사람이지만, 내가 그의 상황을 다 알고 선택한 것은 아니다. 실수는 인정하지만 선택한 자신을 너무 몰아붙이지 말자. 상대방은 고의로 한 것일 수 있고, 설령 모른다고 하더라도 나를 힘들게 했고, 일정부분 다치게 했다는 사실에는 변함이 없다.

세상에서 가장 소중한 건 그가 아니라 바로 '나'다.
내가 온전히 유지되어야 이후에 더 나은 삶과 마주할 수 있고,
내가 사랑하는 사람들도 지켜낼 수 있다.
나를 지켜내자.

"세상에서 가장 소중한 건

그가 아니라 바로 '나'다.

내가 온전히 유지되어야 이후에 더 나은 삶과 마주할 수 있고,

내가 사랑하는 사람들도 지켜낼 수 있다.

나를 지켜내자."

Life   Time   Mental   Relation   Work   Habit

4장

사람들 속에서

나를 잃지

않는 법

: 관계 관리법

1.

미니멀라이프가 바꿔준
관계에 대한 생각

"타인을 기쁘게 해주는 것이 당신 삶의 목적이라면 모두가 당신을 좋
아하게 될 것입니다. 당신 자신만 빼고 말이지요."

– 『마법의 순간』, 파울로 코엘료

미니멀라이프를 진행하다 보면, 최초에 미니멀을 시작하는 것은 물건
이지만, 물건을 사고, 집에 쟁여두는 것이 바로 '나의 생각과 정신'이기
때문에 정신적인 것까지 함께 손을 봐야 한다는 것을 알게 된다. 그렇게

물건에 대한 '미니멀'한 정신이 생기고 나면, 이는 자연스럽게 '관계'로 향한다.

미니멀라이프라는 것이 내 안에서 내게 부담이 되는 것들을 없애고 내가 '제어'할 수 있는 상태로 생활하는 것이라서 '내가 무엇을 좋아하는지, 싫어하는지'를 기준으로 선택과 집중을 하게 되는데 그 부분이 인간관계로까지 확장되는 것이다.

이미 용도는 끝나 쓸데는 거의 없는데 부피가 크고 자리는 참 많이 차지하는 물건처럼, 내 옆에서 부담을 주거나 짐이 되는 관계가 있는가 하면, 공간을 그리 많이 차지 않더라도, 아니 자주 만나지 않더라도 내게 힘이 되는 관계가 있다. 내게 안정과 평화를 주는 사람과의 관계로 선택과 집중을 하는 것이 관계의 미니멀리즘이다.

여기까지 이야기하고 나면 사람을 '필요에 의해 만나는 것은 아닌가?'라는 생각이 들기도 할 텐데, 모든 관계에는 의식하지 못하는 '기브 앤 테이크'가 포함되어 있다. 서로 돈을 교환하거나 선물을 교환하는 것 이외에도, 기브앤 테이크는 물질적인 것이 아닌 정신적인 안정, 위안, 위로,

격려 등을 모두 지칭하기 때문이다. 아니 기브앤 테이크가 아니라 '서로 돕고 사는 관계'라고 이야기하면 더 이해가 쉬울 것이다.

이를 테면 직장 상사와 부하직원으로 만난 사이가 퇴사 이후에도 이후에도 관계가 이어지는 것은 단지 선배(이전 직장 상사)가 식사비를 내줘서만은 아니다. 이성적인 마음이 있거나, 자기 과시욕이 있는 사람이 아니라면 굳이 내 아까운 돈을 쓰기 위해서 나가지는 않는다. 후배(이전 부하직원)는 선배에게 인생 경험과 회사의 직위라는 눈높이로 알게 된 이런저런 조언과 이야기를 듣고 밥까지 얻어먹으면서 따뜻함과 나를 위하는 마음을 느낀다면, 선배는 그런 후배의 모습을 보면서 내가 도움이 된다는 존재감과 자부심, 그리고 세상을 조금 더 투명하게 바라보는 초심을 되새김질하는 기회를 얻게 되기도 하는 것이다. 사람을 도구로 이용하면서 금전 등을 빼앗고, 빨대를 꽂아 쪽쪽 빨아먹는 그런 종류의 이익이 아니라 서로의 존재감이 서로에게 온기를 주는 그런 모든 행위를 이야기한다.

미니멀라이프 이전의 나는 누가 뭐라 해도 확실히 '관계중심'의 인간이었다. 20대 후반까지만 해도 누군가가 나를 좋아하는 것이, 혹은 도움이 되는 것이 나의 '존재감'이자 '보람'이라고 느꼈던 것 같다. 자의식 과잉일 수도 있지만 그 반대로 '도움이 되지 않으면 가치가 없다'는 의미로 본다면 나를 지금보다 덜 사랑해서, 나 자신에 대한 '사랑' – 자기애가 부족했던 것은 아니었나 추측한다.

그때는 잘 알지 못했지만, 나 자신이 중심이 아니라, 나를 둘러싼 관계가 삶의 중심이 되면 여러 가지 면에서 삶이 피곤해진다. 연락하는 많은 지인들의 상태를 일일이 파악해야 하고, 관계를 증진, 혹은 유지시키는 여러 모임에 참석해야 하며, 누군가가 필요에 의해 나를 부르면 내 현재 상황과는 상관없이 꼭 가야 하는 일이 빈번해지는 것이다.

시간은 시간대로 소모되고 돈은 돈대로 축난다. 그렇게 무수히 많은 사람들이 옆을 스쳐지나갔고, 쏟았던 마음과 시간과 비례해서 되돌아오는 것은 참으로 작고 미미해서 꽤나 깊은 마음의 상처들을 남겼다.

2.

기울어진 관계는
어느 편이든 나쁜 관계다

    이제는 관계도 '좋은 관계'와 '나쁜 관계'가 있고, 한 쪽으로 기울어진 관계는 아무리 멋지게 포장을 해도 나쁜 관계라는 것을 확실히 알게 되었다. 결과론적이긴 하지만, 서로에게 도움이 되지 않았던 연애를 지리멸렬하게 지속했던 것도, 누군가가 힘들어하면서 나를 부를 때는 언제든 나가지만 정작 내가 그러한 상황일 때 부를 수 있는 사람이 거의 없었던 것도 균등하지 못한, 한쪽으로 기울어진 관계의 한 단면들이었다. 더하여 관계의 질적인 측면이 아닌 '관계 자체'에만 초점을 맞추다 보니 서운

함과 부정적인 마음이 많은 관계조차 좋게 발전시키지도, 쉽게 끊어내지도 못했었다.

이 모든 것이 한창 관계에 힘들어하면서 맘대로 줘버린 것들에 기대하고, 오지 않음에 실망하면서 긴 인연들이 가지치기처럼 많이 사라져버린 후에서야 비로소 깨닫게 된 사실이었다.

또한 그 당시 생각지 못했던 부분은 내가 무언가를 '선의로 주는 것'이 무조건 상대에게 좋은 것은 아니었다는 점이었다. 나는 분명 호의와 관심이었지만, 상대방은 다르게 받아들일 수도 있다. 또한, 받고 싶지 않아 하는 상대방에게 베푸는 지나친 호의는 '다시 되갚아야 하지만 갚기 싫은 부담'일 수 있으며(이 극단적인 예가 스토커일 수 있겠다) 주는 나조차 '아무 대가를 바라지 않고 준다'고 말은 하지만 본심은 그렇지 않았다는 것을 알았다.

'내가 이렇게나 했는데 상대에게서 받는 것은 아무 것도 없네?'라고 은연중에 기대를 하고 있고, 뭔가 오지 않으면 실망스러운 마음이 들었던 것이다. 이미 나 자신 속에 보답받고 싶어 하는 마음이 있었는데, '그렇지 않아, 나는 주는 걸 즐기는 것뿐이야, 사람을 잘 챙기는 사람이니까.'라고 생각하면서 내 마음을 예쁘고 멋지게만 포장하고 싶어 했다.

이 같은 관계에 대한 의존이 별 수 없이 변화를 보이기 시작한 건, 30대 초반 쯤이었다. 내 행동, 기대와는 다르게 심하게 기울어져 있던 관계들에 대한 실망에 마음이 가득 상한 나의 잘못된 행동으로 학창시절을 함께 한 중요한 그룹과의 연이 끊겨버린 것이다. 당시 인생의 반 정도를 함께 지낸 친구들 사이에서 나만 툭 빠져나온 셈이니, '나에게 확실히 문제가 있다'고 알게 된 계기이기도 했다. 여기에 등장과 동시에 생활의 최우선 순위로 등극한 '육아'를 거쳐 '나 자신'을 위하기 시작한 이후 관계에 대한 중요도가 바뀌게 되었고, '문제 해결 방법'의 기본 기준인 '미니멀 라이프'의 '관계 정리'로 실체화되고 마무리되었다.

하루는 24시간에서 일단 육아와 집안일에 일정 비율을 빼고, 생계를 위해 일하는 시간을 크게 들어내고 나면 내게 남은 시간과 에너지는 그다지 많지 않다. 그런 귀중한 자원에 '잃어버린 나'를 찾는 시간만으로도 부족해 잠을 줄여서 만들어가고 있었으니, 부족한 시간은 남에게 관심을 쏟는 시간을 자연스럽게 줄어들게 했다. 새로운 관계를 만들기는 커녕 기존 관계유지도 벅찬 시간에 더 이상 사용할 에너지는 없을 뿐더러, 그들을 세심하게 바라봐주거나 할 여유도 없다고 해야 할까?

또한 이 상황에서 미니멀라이프로 인해 모든 중심이 나에게로 바뀌면서 '관계에 대한 의존도'가 내려갔고, 보통은 내 쪽에서 연락을 하는 경우가 많았던 까닭에 그 연락을 줄이는 것만으로도 일방적인 노력에 의한, 혹은 부담스러웠던 관계들은 천천히 정리가 되었다. 그렇게 만나는, 연락하는, 그리고 신경 쓰는 인원은 급격히 줄었다.

현재의 나는, 만나면 '편안한', '감사한' 사람들과만 관계를 유지하려고 노력한다. 여전히 순간순간 지나가는 사람이 있고 머무는 사람이 있지만, 이제 더 이상 휘둘리지 않는다. 혹 마음을 주고 싶은 사람이 있고, 뭔가를 전하고 싶다면 전하기는 해도 '당연히 받을 생각'은 하지 않는다.

관계는 한 명이 만들어가는 것이 아니라 두 명이 함께 만들어가는 것이기 때문에, 노력해도 내 마음이 닿지 않는다면 어느 정도 기준을 두고 더 이상은 관계에 노력을 하지 않는 것이 답일 수 있다. 내 마음을 나조차 모를 때가 많은데 상대의 마음을 단정 짓거나 알아내려고 하는 것은 불가능할뿐더러 온 에너지를 쏟아도 해결되지 않은 문제이므로 결론적으로 내 정신만 어지럽히고 피곤하게 만드는 까닭이다.

사람들은 나와 닮아서 좋아하기도 하고 바로 그 점 때문에 싫어하기도 한다. 일순간 사랑에 빠지듯 일순간 사랑이 식어버리는 일도 있다. 이어지지 않는 실을 나 혼자 이을 수 없으며, 이미 끊어진 실을 나 혼자 아무리 붙잡고 있어도 그저 끊어져 있는 것이라는 것을 인지하고 있다.

사람은 한 명 한 명이 커다란 우주다. 각각의 우주에서 어떤 일이 벌어졌는지 우리는 서로 알지 못한다. 상대방을 전부 다 알 수도 없고, 다 알 필요도 없다. 그리고 알 수도 없는 부분은 그냥 두는 것이 현명하다.

얄궂은 점은, 관계에 목메어 부단히 노력했을 때보다, 그 양적인 수는 줄어들긴 했을지언정 지금이 더 '건강한 관계'가 많아졌다는 것이다. 자주 만나거나 하지 않아도 어떤 일이 있을 때, 혹은 고민이 있을 때 지금의 나를 오롯이 드러내고, 이야기할 수 있는 사람은 확실해졌고, 이와 별도로 조금은 얕은 관계ㅡ 특정 범위의 나와 생각이 맞는 사람들이 지구의 궤도를 도는 달처럼 조금 늘었다.

이들은 나를 '자신의 기준에서 해석'하는 게 아니라, 적은 정보의 나를 단지 그 상황과 정보만으로 이해하고 특정 지점에서만 영향력을 발휘한다. 도움은 주지만 서로 기대를 하지 않는 관계라고 해야 할까? 내가 관심 있는 분야의 사람들을 새롭게 만나 새로운 시선을 만드는 것도 삶을 살아가는 원동력 중 하나가 될 것이다.

그의 표정을, 상태를, 말의 뉘앙스를 굳이 살피지 않아도 괜찮고 '이유가 있겠지…'라고 생각하면서 관여를 조금 줄여도 서운해하지 않는다. 서로에게 깊이 들어가지 않으므로 비밀을 공유해서 괴로운 일도, 서로를 자기에 맞게 바꾸려 하는 충돌도 일어나지 않는다. 그저 서로의 같음을 즐거워하고, 다름을 신기해하면서 그렇게 적당한 거리를 유지한다.

헬로 조이스, 트레바리 등의 살롱문화가 유행하고 있는 것도 이 같은 한 가지 공통관심사만을 이야기하는 얕고 집중된 관계를 사람들이 편하고 유용하다고 느끼고 있기 때문이 아닐까?

3.

가면을 쓴
나쁜 관계 찾는 법

"러바인은 진화 과정을 거치면서 인간이 거짓말을 즉석에서 탐지하는 복잡하고 정확한 기술을 발전시키지 못했다고 주장한다. 자기 주변에 있는 사람들의 말과 행동을 꼼꼼히 살펴보느라 시간을 들이는 것은 아무 이점이 없기 때문이다. 인간에게 이점은 낯선 이가 진실하다고 가정하는 데 있다. 그가 말하는 것처럼."

— 『타인의 해석』, 말콤 그래드웰

수렵사회에서 농경사회로 다시 산업사회를 거치면서 인간사회가 다른 동물들의 사회보다 월등히 발전한 이유는 인간이 사회적 관계를 맺으면서 서로 협동하고 살아왔기 때문이다. 낯선 사람을 일일이 의심하고 따지고 들면 사회 자체의 형성조차 원활하게 이루어지지 못한다. 내가 타인을 믿는 것은 내가 순진하거나 의존적인 것이 아니라 문명 발전이 기본이 되는 지극히 당연한 일이다.

그렇지만 세상에는 보기와는 다른, 나쁜 사람들이 다수 존재한다는 것이 문제다. 그래서 '관계'에 대한 마음가짐도 중요하지만, 나쁜 사람을 미리 '알아보는' 눈을 가지고 있다면, 나쁜 사람과의 만남이 더 나쁜 '관계'로 빠지기 전에 미연에 대처할 수 있는 힘이 된다.

착한 사람과 나쁜 사람의 기준은 무엇일까? 아마도 영화나 드라마에 등장하는 프로토타입의 사람이 있겠지만, 현실은 그렇지 않다. 성질이 악독하고 험상궂게 생긴 사람들, 험한 문신이 가득하고 욕을 입에 달고 다니는 사람들이야 그냥 피하면 그만이겠지만, 영화나 소설 속 반전은 '바로 내 옆의 다정한 그가 사이코패스였어.'인 것처럼 곱고 예의 바른 수더분한 인상의 나에게 친절했던 누군가가 실은 마음은 음험한 사람일 수 있고, 동물이나 무언가를 학대하는 사람일 수 있다는 점이다.

이런 사람이 나에게 나쁜 사람이다

1. 만나고 나서 돌아서면 어딘가 모르게 찜찜하다.(이성보다, 동물적인 직감이 의외로 정확할 때가 있다)

2. 이 사람과의 만남을 위해 내 중요한 할 일을 자주 미룬다.

3. 이 사람 외에 다른 친구나 지인을 만나면 죄책감이 든다.

4. 그럼에도 불구하고 상대에게 왜 자신을 혼자 힘들게 하냐고 원망을 듣는다.

5. 내 의견은 언제나 받아들여지지 않는다.

6. 은연중에 내게 많은 것을 요구한다.

사람의 진정한 인간성은 모두가 평안하고 행복할 때가 아니라, 단 둘이 있을 때, 그리고 위기에 처했을 때 그 모습을 드러낸다. 상황이 좋을 땐 특별히 싸이코패스 같은 사람이 아니라면 모두가 '평화의 얼굴'을 하고 있다. 그러나 무언가 뺏기거나 빼앗을 때, 나와 그 사람 중 하나만 선택되어야 할 때, 비로소 그의 본색을 알 수 있다. 그 지점에서 '내게' 착한 사람인지 아니면 그 반대인지 명확히 알 수 있지만, 그 때는 너무 늦은 것일지도 모른다.

앞서 소개한 리스트가 너무 많다면 이것만 생각하자.

'내 뜻이 아닌데 거절을 할 수 없는 관계인지 아닌지.'
'그를 만나고 나면 내가 비참해지는지 행복해지는지.'

여기에 하나 더, 놓치지 말아야 할 점은 사람은 상황에 놓인 관계에 따라 선할 수도 있고 악해질 수도 있다는 점이다. 친구 관계였다면 괜찮았을 상황이, 같이 한 회사를 경험하면서 달라지고, 돈이 오가면서 달라진다. 이해관계가 얽힐 때 관계는 틀어지기 마련이니 그 친구를 오래 두고 싶다면 애초에 그 같은 관계의 포지션을 더하지 않는 것이 훨씬 더 나을 수 있다. 사람 탓보다 상황 탓을 해야 하지만, 그 상황에 몰리게 된 것도 결국 사람 탓일 테니 그를 빼고 생각할 수는 없다.

혹 이미 위와 같은 이해관계에 몰려 친구의 본모습을 알아버린 후, 친구도 잃고 마음에 큰 상처를 입었다면, 나를 실망시킨, 나를 힘들게 한 그 사람을 탓해야지, 그를 선택한 '나'를 탓하지는 말자. 아니, 해도 적당히 하자. 보이스피싱을 당하는 사람은 귀가 어두운 어르신들만이 아니다. 머리 회전이 너무도 잘되는 20대 청년도 산전수전 다 겪은 40대 가장도 어느 날 눈에 뭐가 씌인 것처럼 사기에 당할 때가 있다. 작정하고 치는 사기에는 아무도 이겨내지 못한다.

속은 내가 어리석었던 것이 아니라, 작은 이익 때문에 사람의 도리를 져버린, 정당하지 않게 이익을 챙겨간 그 사람을 탓해야 한다. 다시는 그러한 것들에 속지 않게 반성을 하고 이를 교훈으로 삼는 것이면 족하다. 모든 상황에 대한 판단은 결과론적이기 때문에 대비는 아주 어렵다. 그렇게 당해보지 않은 사람들의 위로를 가장한 자기 위안, 혹은 나에 대한 비하 또한 그냥 흘려듣자.

누구라도 그 상황 속에서라면 그렇게 했을 것이고, 나는 온전하니 이 정도면 되었다, 정도로 넘어가는 것이다.

'복수를 하겠다!'라고 덤비지도 말자. 나쁜 놈들이라면 복수는 내가 아닌 더 센 누군가가 제대로 해줄 것이다. 손에 피를 묻히는 건 괴물들의 몫이다. 복수를 하려고 내 시간과 노력, 에너지를 쓰는 것 자체가 일종의 낭비다. 나는 그저 보란 듯이 온전히 잘 살아가면 된다. 복수의 힘으로 '나를 더 잘 살게 할 고민과 행동을 하는 것'이 훨씬 더 내 인생에 필요한 길이다.

마지막으로 관계는 각자 자신만의 포지셔닝을 가지며, 한 번 맺은 포지셔닝은 천지가 개벽하지 않는 이상 잘 바뀌지 않는다. 부모가 자식에게 베푸는 사랑이 뒤집어질 일은 흔하지 않으니까— 내가 누군가에게 지속적으로 받는 관계라면, 그 반대의 보답을 그가 원하지 않는다고 해도 관계가 지속되고 있다는 것은 나는 아마도 감사의 마음을, 다른 무언가로 그에게 주고 있는 것일 지도 모른다.

그 고마운 마음을 조금 더 많이 표현해도 좋고, 선행이 주위로 퍼져나가듯 다시 그 내려온 사랑을 내가 누군가에게 전하는 것도 선한 영향력을 발휘할 수 있는 길일 것이다.

'나 자신은 괜찮은 사람이다!'라고 생각하면서도 누가 나를 꽤나 높게 평가하고 있으면 부담스러웠다. 혹시 그의 기대를 내가 무너뜨리게 될까 봐. … 그렇지만 그 평가 또한 그의 몫이고 기대 또한 그의 몫이니 너무 연연해하지 말도록 하자. 나는 나이고 그가 생각하는 나는 내가 아닌 그가 만들어낸 또 다른 '상상'일 뿐이니까―

그럴수록 내가 어떤 존재인지, 관계에 이리저리 흔들려 나를 잃어버리지 않도록 기준을 세우는 것이 중요하다.

의외로 나를 가장 쉽게 무너뜨릴 수 있는 것이 바로 '친한 사람과의 관계'다. 모르는 사람은 나를 좌지우지하지도 나를 바꾸지도 못한다. 아니, 그렇게 하고 싶어 해도 내게 그다지 타격이 없다. 그렇지만 나를 잘 아는 사람이, 내가 아꼈던 사람이 나에 대해 이러쿵저러쿵 이야기할 때, 혹은 내가 있는 곳과 없는 곳에서 나에 대한 상반된 견해를 비쳤을 때(보통은 내 앞에서는 좋은 얘기, 그 앞에서는 험담인 경우가 대부분일 것이다.) 그 사실은 실망으로 이어지고 그에 대한 혐오와 함께 나의 혐오로까지 이어지게 된다. 원래 믿는 도끼가 발등을 찍는 거다. 안 믿는 도끼는 곁에 두지도 않으니까―

세상이 무너질 것 같은 그런 날이 있다. 이럴 때에는 아래와 같은 방식으로 그 '사건'을 처리해보자.

친한 사람이 발등을 찍은 어느 날의 대처법

1. 누군가에게 들은 그 소문을 당사자에게 직접 확인한다. 어떤 말이 진심인지, 이렇게 해석하는 게 맞는지를 직접 물어보는 것이다. 정황 설명을 들어도 좋고 변명을 들어도 좋다. 당황한 상대방은 오히려 그때 진심을 말할 수 있다.

2. 사실이었다면, 내가 그를 용서할 수 있을지 판단한다. 그와 오랜 기간 이어온 것들이 너무도 아깝겠지만, 한번 무너진 신뢰는 쉽게 되돌아오지 않는다. 의처증에 걸린 아내처럼 그의 일거수 일투족에서 나의 '상처'를 드러내지 않을 수 있는지를 가늠해보는 것이다.

3. 서로를 위하는 관계가 아니라면, 혹은 기울어진 관계라면 관계를 정리하는 것이 현명하다. 구구절절 어떤 이야기를 해서 내 마음이 편안해질까? 바꿀 수 없는 상대방이라면 굳이 내 노력을 들일 필요조차 없다. 가끔은 무 자르듯이 잘라내는 결단도 필요하다.

바로 나 자신을 위해서.

그리고 그 아쉬운 마음을, 미련을, 결정을 조금 더 나를 위하는 데 힘써보자.

우리 모두는 혼자일 땐 외롭고, 함께 있을 땐 성가시다.

너와 내가 달라서 끌리지만, 달라서 피곤한 것처럼—

나를 아프게 한 사람이라면, 인생에서 도려내버린 사람이라고 생각하고, 깨끗하게 지워내자.

4.

자꾸 나에게 힘든 요구를 하는
가족이 있다면

지인의 일에도 뜻하지 않게 휘말리면 어찌할 수 없는데, 가족관계가 어려워지면 그보다 더 힘든 일이 없다. 아니, 그 반대라면 아무런 문제가 없겠지만, 그렇다면 굳이 노하우가 필요 없을 것이다. 그렇지만 지극히 개인적인 가족관계라서 어디다가 털어놓을 수도 없이 고민하는 사람들 또한 있을 것이다.

혈연으로 이어진 관계이고, 부모는 자식을 독립할 때까지 키워야 하며, 그 이후에 자식이 부모를 케어할 수 있는 시기가 오면 이를 케어하면서 시기가 맞다면 자신의 가족을 새로 만들어가는 것이 수순이겠으나 요즘엔 결혼이 must가 아니니 이 부분은 논외로 하자.

어렸을 때의 관계에 대한 트라우마나 결핍은 대부분 부모에게서 만들어진다. 그 트라우마가 어른이 되어서도 따라다녀 내 관계에 굴레를 씌우는 경우가 빈번하다.

한국사회의 많은 부모가 자녀와 자신들을 동일시하고 자녀를 소유라고 생각하는 경향이 크다. 그렇지만, 좀 더 바람직한 부모자식의 관계는 종속이 아닌 '만남'의 관계라고 한다. 스스로의 역할을 다 할 때까지 서로 보듬어주다가 자식이 크면 각자의 길로 떠나는 관계— 그 관계가 비틀어지고 왜곡된 채 그 자녀가 어른이 되면 이로 인한 문제가 생성되고, 부모는 자신의 '희생'에 대한 보상을 요구하게 된다.

10대 후반 혹은 20대 초반의 성인인 나를 '지나친 요구'로 가장 힘들게 하는 존재가 다른 사람도 아닌 '부모'라면 다소 죄책감이 들더라도 일단은 거리를 두어야 한다. 그것이 금전적인 요구일 수도 있고 정서적인 요구일 수도 있는데, 부모에 대한 봉양, 효도 등도 결국 '내가 온전해야' 할 수 있는 것이다. 오죽 힘들면 아직 늙지 않은 부모가 제 역할도 못하는 미숙한 성인인 자녀에게 손을 벌리겠냐고 생각할 수 있겠지만, 아직 어린 '나'의 기회도 계속 오는 것은 아니고, 공부도 일도 다 때가 있기 때문에 나를 다 '던져서'까지 부모를 도울 생각은 하지 말아야 한다.

다 큰 어른도 한 번 쯤은 실수를 하기 마련이니까 한 번 정도는 나의 '모든 것'까지는 아니더라도 어느 정도 도움을 드릴 수는 있겠지만 그것이 반복되면 그저 나는 '간편하게 인출이 가능한 은행' 정도로 전락해버릴 위험이 크다. 따라서 어떤 것에도 내 모든 것을 올인해서 털어내면 안 된 다. 돈을 혹은 그 다른 것을 드리더라도 나를 유지할 수 있는 만큼은 꼭 남기고 전달해야 한다. 원망어린 눈초리, 볼멘소리를 들을 지라도 꺾이지 말자. 내 인생은 지금이 다가 아니니까―

중장년, 어른들의 기회는 그 부침이 적고 치명성이 덜 하지만, 아직 내 몫을 다 못하는 초보 어른인 내게 주어진 시간과 기회는 나를 크게 바꿀 수 있는 원천이 된다. 죄송하지만, 내가 조금 더 온전하고 제 몫을 다 하게 되면 그 다음에 도움을 드려도 늦지 않다.

간혹 여러 명의 자녀 중 한 명에게만 지극히 의존적인 부모를 볼 때가 있다. 손가락을 깨물어서 안 아픈 손가락이 없다고는 하지만, 조금 덜 아픈 손가락은 있게 마련이다. 엄지와 검지는 열심히 써대면서 예쁜 반지는 네 번째 손가락에만 끼는 것처럼—

대부분의 사람은 '자신'을 중심으로 '자기합리화'의 1인자들이다. 처음에는 상대를 막 대한 후 죄책감이 조금 들어도 이후 반복될수록 그 행동에는 '이유'가 삽입되고 행동의 강도는 더 독하고 악해진다. '이 아이는 착하니까, 이 아이는 괜찮겠지.'라는 생각으로 그 태도에 수반해 행동이 함께 변화하기 때문이다.

자녀는 부모의 '보살핌'을 받고 자라야 하기 때문에, 어느 면에서는 지속적으로 약자다. 세상의 불의에는, 부당한 처우에는 아무런 저항도 하지 못하는 무기력한 부모가 가장 약한, 그리고 자신을 지킬 수 없는 자녀에게 '폭력'을 휘두르기도 한다. 그리고 그러한 사람들은 생각보다 가까이에 있다. 나를 응당 사랑해야할 사람이 나를 막 대하면, 몸은 자랄지언정 자존감은 자라지 못한다. 그래서 성인이 되고 나면 나는 '가치가 없는 사람'이라고 느끼게 된다. 이 같이 떨어진 자존감은, 지속적으로 다른 사람과의 관계에 영향을 끼친다. 폭력을 쓰는 부모가 좋은 말을 할리가 없으므로, 신체적인 폭력과 정신적인 폭력이 나를 '온전한 성인'으로 자라나지 못하게 만드는 것이다.

　부모는 선택할 수 없다. 그러므로 '내가 잘못해서 그랬던 것이다'라는 생각은 이제 지워버리자. 사람은 아무리 화가 나도 하지 말아야 할 일이 있고, 그것이 바로 '언어폭력을 포함한 폭력'이다. 나를 낳고 자라온 부모는 유일하지만 그의 패턴과 행동이 다 옳다고 볼 수는 없다. 그들이 틀렸었고 나는 그 속에서 잘못된 답을 보아왔던 것뿐이다.

　지금의 나를 가만히 살펴보자.

　아마도 관계에서 어떤 결점이 있는 것을 알았을 거다. 집착 혹은 외로움, 의존 등 부모로부터 충분한 사랑을 받지 못한 어른이 되면 그 공허함을 메꾸기 위해 끊임없이 타인에게서 사랑을 갈구한다. 나를 잃고 그에 모든 것을 맞춘다. 그렇지만 위에서 설명했듯 '기울어진 관계'는 어떤 식으로든 건강하지 못한 관계다. 그들은 내 부모가 아니므로, 나를 떠날 것이다. 부모도 나를 '부모처럼 잘 대하지 않았는데' 그들에게서 진정한 부모의 사랑을 기대하는 건 어리석은 일이다.

나에게 남는 것은 '나 자신'이다. 누가 해주지 않더라도 나를 보듬어주고 사랑스럽게 생각하는 연습과 노력이 필요하다. 결점도 많고 약점도 많지만 나는 '충분히 사랑스럽다.'라고 생각해야 한다.

자신의 트라우마를 스스로 인식하고, 이해하고, 이를 극복하기 위해 노력하지 않으면 이는 고스란히 내 관계를 망쳐놓는다. 또한 결혼을 하고 내 '자녀'가 생겼을 때, 그리고 키워가면서 내가 겪은 두려움과 불안 등이 그대로 백지 같은 아이의 마음에 투영되기도 한다. 내가 온전해야 내 아이의 정서도 온전해진다.

5.

인간관계의 조언과
상황별 대처법

"우리 모두는 다 같다. 모두 각자 자신이 원하는 것에만 관심을 두고 있다. 그러니 이 세상에서 다른 사람에게 영향력을 미칠 수 있는 유일한 방법은 다른 사람이 원하는 것에 대해 말하고 그들이 어떻게 하면 그걸 얻을 수 있는지를 보여주는 것이다."

— 『인간관계론』, 데일리 카네기

마음은 '말과 행동'으로 전달된다. 특히나 마음은 그렇지 않은데 제대로 말을 하지 못했다면, 상대에게 확실하게 전하고 이해받아야 한다. 사회생활에서 대부분의 대화는 서로 다른 의견을 확인하고 내 의견을 상대에게 설득시키는 것으로 이루어진다. 책『설득 언어』에서 이야기하는 꼭 지켜야할 설득의 원칙은 다음 5가지다.

꼭 기억해야 할 설득의 원칙

1. 상대의 의견을 존중하라.

- 일단 동의 후 자신의 생각을 덧붙인다. 이때 겸손의 어휘로 상대방의 반박가능성을 약화시킨다.

2. 합목적성 (본질회귀)을 추구하라.

- 본래의 목적을 상기시킨다. 상대방과 나 모두 같은 '목적'을 가지고 있음을 강조한다.

3. 상대의 신념과 가치에 맞춘 프레임을 제시하라

- 상대의 신념에 기댄 이야기가 우선으로 잘 먹힌다.

4. 조력 의지를 표명하라

- 어디까지나 상대방을 도와주려는 입장임을 강조하라.

5. 상대의 결정권을 존중하라

- 내 생각을 강요하거나 강권하는 듯이 보이지 않게 하라.

그렇지만 불편한 상황이나 어려운 상황에 처하면 혹 실수를 할까 봐, 어떻게 말해야 할지 몰라 입을 다무는 사람들이 종종 있다. 나 또한 그 중 하나였다. 흥분해서 말하면 더욱 실수를 하게 되니까, 그냥 감정만 눌러버렸었다. 상대방에게 "뭐 그런 일 가지고 그래?"라는 말도 듣고 싶지 않았고 통 크고 멋진 좋은 사람이고 싶었다. 그렇지만 상대의 호감만 조금 얻었을 뿐 되돌아오는 것은 많지 않았고 어딘가 매번 손해보는 위치에 서게 되었다.

미국의 저명한 상담전문가 듀크 로빈슨은 책 『나는 좋은 사람이기를 포기했다』에서는 좋은 사람이라고 불리지만 그 프레임에 갇혀 자신은 불행해지는 사람들을 위한 유용한 팁을 소개하고 있다.

먼저 '좋은 게 좋은 거다.'라는 생각으로 상대에게 말을 하지 않게 되면 정작 상대는 모른 채, 내 힘듦은 더 커진다. 욕구충족이 되지 않아 만족할 수가 없고, 상대방에게 '자기 몫에 관심이 없다'는 인상을 주어 푸대접을 받을 수 있을 뿐더러 만족감이 성취되지 않는 마음을 속으로 꾹꾹 눌러내야 하므로 내 에너지 까지 쓸데없이 소모된다. 이제는 이렇게 방법을 바꾸자.

먼저, 침묵은 금이 아니라는 사실을 인식하자. 그 다음 단계는 이렇다.

좋은 게 좋은 거다에서 탈출하는 방법

1. 바람직한 시각을 가진다

　- 이기심이 아니라 '자기를 사랑하는 것'이다 자신을 타인보다 '반드시'
우선순위에 둔다.

2. 적대감과 소신을 구별한다. 상대의 권위를 인정하면서도, 자신의 불
안을 밝히는 것이 소신이다.

　- 분명한 언어를 사용하라/ 두려움의 정체를 파악한다/ 정중하게 물
어본다.

3. 지구력을 기른다

　- 그동안 말을 안 해왔으니 상대방은 당황하거나, 요구를 들어주기를
거절할 것이다.

　- 자신이 정당한 권리를 주장하고 있다는 확신을 가지고 끈기있게 매
달리자.

4. 상대의 생각도 들어보자

　- 상대가 기가 죽어 있다면 말할 기회를 주라.

　- 단, 들어줄 수 없는 부탁이라면 그 자리에서 솔직히 선을 긋는다.

또한 아무리 논리적이고 이성적으로 상대를 대하려고 해도 도무지 말이 통하지 않는 사람이 있다. 이미 상대방은 화가 잔뜩 나 있거나 흥분되어 있어 나의 말이 들리지 않는 상태— 그렇다고 얼토당토않은 그의 이야기를 다 들어줄 수는 없다. 그럴 땐 이렇게 대처한다.

논리가 통하지 않는 상대를 만났을 때

1. 타임을 선언하고 머리를 식힌다 - 일단 흥분부터 가라앉히라고 상대를 설득한다.

2. 동감하라 - 상대의 감정을 확인하고 그에 동감한 후 그의 심정을 확인시키고 이를 존중한다.

3. 그의 심정에 통감한다 - 그의 기분을 이해했다는 것을 전한다.

4. 감정을 교환하라 - 상대가 나를 속상하게 했던 발언을 문제 삼고 그에 대한 이야기를 이끌어낸다. 상대의 이야기를 듣는다.

5. 당신의 이야기를 들려주자 - 충분히 들었으니 이제 내 이야기를 들려준다.

6. 이견을 존중하는 분위기를 조성한다 - 합의가 아니더라도 이를 받아들이는 '타협점'을 만들어본다.

7. 가만히 당하고만 있어서는 안 된다 - 그가 여전히 추태를 부린다면 과감히 대화를 중단하고 떠난다.

관계는 하나가 아니라 그와 나, 둘이 만들어가는 것이다. 무조건적인 수용은 상대에게도 나 자신에게도 옳지 않다. 아니, 나는 아낌없이 주는 나무처럼 다 주어도 내가 '괜찮다'면 상관없다. 그렇지만 문제는 내가 기꺼이 주는 것처럼 보이는데 내 마음은 그렇지 않은 데서 기인하고, 그 반대도 마찬가지이다.

상대를 존중하지만 나의 의견을 우선순위로 두고, 너와 나의 관계는 '우리 모두가 이롭게 되기 위한' 관계임을 기억하자. 그리고 이를 위해 솔직한 나를 보여주는 것을 겁내지 말고 상대와 충분한 대화와 마음을 나누자.

그것만으로도 우리의 관계가 좋은 관계인지 나쁜 관계인지 알 수 있을 것이다.

"나 자신이 중심이 아니라,

나를 둘러싼 관계가 삶의 중심이 되면

여러 가지 면에서 삶이 피곤해진다."

"우리 모두는 혼자일 땐 외롭고, 함께 있을 땐 성가시다.

너와 내가 달라서 끌리지만, 달라서 피곤한 것처럼."

Life   Time   Mental   Relation   Work   Habit

5장

먹고사니즘의

기본,

직장생활

: 필수 노하우

1.

다양한 경력이 만들어낸
직장생활 노하우

약 16년간 직장생활을 하면서 하나둘 헤아려보니 총 15번의 이직을 했다. 평균으로 치면 1년에 한번 꼴로 이직을 한 것이지만, 이직을 1년에 한번씩 계속하면서 경력을 쌓았다면, 지금쯤은 아마 더 이상 회사원을 할 수 없었을 것이다. 경력이 많으면 많을수록 잦은 이직은 채용 및 인터뷰에서 마이너스 요인이 된다. 회사의 HR(인력관리) 담당자가 보기에 '이직이 잦다'는 건 그만큼 적응을 잘 못한다는 것이고 '이 회사도 곧 나갈 수 있다'는 뜻으로 다른 지원자보다 '리스크가 있다'는 의미이기 때문이다. 또한 실무진의 입장에서 본다면, 일에 익숙해질 만하면 이직을 한 것일 테고, 그 말은 깊이 있게 뭘 배우지 못했으므로 업무 능력이 떨어진다는 것으로 보일수도 있다.

몇 십 년의 장기근속까지는 아니지만, 내 경우에는 6년과 4년의 짧지 않은 한 곳에서의 회사 생활 경력이 있고 대부분이 1년 이상의 경력이니 '적응을 못하거나 조직생활에 문제 있다'고 여겨질 정도까지는 아니다.

경력을 쌓기 전 지지부진했던 자잘한 경험을 빼고 나면 남은 기간은 최근의 3년, 그 말인즉 3년간 6번의 이직을 했다는 뜻이다. 이 6번의 이직은 경력 10년을 채우고 난 뒤에 일어난 이직으로 부침이 큰 회사 생활을 최근에 꽤나 치열하게 했다고도 이야기할 수 있는데, 다행히 아직도 직장생활을 하고 있으니 아픈 경험이 잦은 만큼 노하우 또한 일반 사람들보다 많다고 해도 무방하지 않을 것이다. 나쁘게 보면 프로퇴사러일 수 있지만, 상황을 가급적 긍정적으로 바라보자. 나는 의도치 않게 '프로 이직러'가 되었다.

처음부터 좋은 회사에 들어갔다면 상황이 나았을까? 안타깝게도 20대의 내 선택은 안정, 높은 급여와는 거리가 멀었다.

호기만 있던 대학교 졸업 즈음, 매일매일 사무실 출근하는 회사원이란 직업이 따분해보여 광고감독을 꿈꾸면서 시작된 프로덕션의 조감독 이라는 꼬리표는 꽤나 오랜 기간 나를 따라다녔다. 연출에서 기획으로 방향을 바꾸고, 잠시 어학연수 명목으로 1년간 해외에 있다 돌아와서도 변화하지 못했다.

4년의 경력은 어떤 식으로든 그 경력을 이어나가게 만드니까~

그렇지만 반전은 언제나 생각지 못했던 곳에서 시작되는 법! '재미를 좇아' 시작한 트위터 등의 SNS 채널에 대한 관심과 공부가 그 앞의 영상 경력과 연결되어 '홍보 회사'라는 세계로 나를 이끌어 온라인 PR업무를 하기 시작했다. 그 이후 10여 년간, 디지털 시장이 급속도로 커지면서 나는 어느새 디지털 마케터라고 스스로를 이야기할 수 있는 사람이 되었다.

20대 초반의 직업인 '조감독' 시절에는 감독의 담배를 사러 가는 일(당시에는 사무실에서 담배를 피우는 것이 일반적이었다.), 스태프들의 상태를 점검하는 일에서 부터 시작해서 '일이 끝나야' 집에 갈 수 있는 며칠 밤의 철야근무가 당연했던 일을 거쳐, 그나마 야근을 하면 조금 '미안해하는' 곳에까지 입성했으나, 아직은 9-6 기본에, 일이 있다면 끝까지 해야 하는, 갑이 아닌 여전히 '을'의 이름으로 살고는 있다.

업무 적응은 빠른 편이었고, 노력하는 자세도 있었다. 덜렁대는 성격을 보완하기 위해 메모 습관을 들였고, 센스도 있는 편이었으며 '열심히 하면 된다, 어쨌든 되게 하자.'라는 좌우명을 가지고 있었으니까— 그렇지만 앞서 잦은 이직의 숫자를 이야기했듯, 어디서부턴가 불안정한 상태로 지속적으로 변화를 꿈꾸었지만, 생각만큼 잘 되지는 않았다.

이에 덧붙여서 나 자신을 열심히 갈아서 넣는 편이라고 해야 할까? 뭔가 어려운 일을 시켜도 될 것 같고, 믿음직스러워 보이기는 한데 뛰어나거나 특출 나지는 않은 직원, 여기에 나름의 '끈기'를 가지고 있고 사고를 칠 정도로 모나지 않으니 회사에서는 크게 케어를 하지 않아도 될 만한 사람이 나였다.

그렇지만 업무 센스와 '열심히'가 통하지 않는 시기는 언젠가 온다. 내게는 그게 바로 '팀의 리더'가 되었던 때였다. 실무자의 역할과 달리 리더, 관리자란 팀에 속한 팀원, 협력팀의 사람들을 설득하여 그들을 잘하게 만들고 이를 바탕으로 성과를 내는 것이 주된 역할이었기 때문이다. 준비 없이 처음 관리자급이 되었을 때에는 마냥 착하게 굴면 우습게 보고, 너무 나쁘게 굴면 관계생성이 어렵다는 생각에 이 행동도 저 행동도 하지 못하고 주저했다. 결국 아무것도 하지 못했으니 문제는 더욱 악화되었다.

실무진으로서 일을 잘하고 못하고의 기준과, 리더로서 일을 잘하고 못하고의 기준은 꽤나 달랐다. 아니 내가 중심으로 두는 사람이 누구냐에 따라 달라져야 하는데 그 전까지 내 기준은 상사들보다는 보다는 아래의 부하직원들이었다. 잘 돌보고, 이야기를 나누고, 함께하고, 중간의 완충지대이자 실무책임자로 이사진과의 마찰을 줄이는 것으로 내 역할의 반은 달성해왔다고 생각했으나, 실상은 전혀 달랐다. 부하직원 개개의 상황을 이해하고, 이들을 보호한다는 명목으로 위와 너무 마찰이 크면, 위에서 힘을 거둬가버리고, 내게 힘이 남겨져 있지 않으면 아래는 그냥 떠나는 수밖에 없었다. 어차피 상하관계와 책임이 있는 우리는 이해관계로 얽힌 사이니까—

더군다나 조감독이라는 갑도 을도 아닌 병 정도 되는 위치의 바닥부터 이리저리 사방의 눈치를 살펴보면서 직장생활 처세를 배운 경험치에, 타인의 감정 등에 예민한 내 성격도, '네 생각까지 내가 반영할 수는 없어, 이 부분은 그냥 하면 돼.'로 밀어붙이는 타입은 되지 못했다. 그냥 '좋은 분'인데, '업무적으로는 신뢰가 안 가는', 사람이 되어버린 것은 기존의 에이전시를 떠나 야심차게 들어간 첫 스타트업 회사에서였고, 어떤 곳에 들어가든 '1년은 버틴다'는 내 사회생활이 기준이 무너진 곳이기도 했다. (그렇다, 이 회사가 앞서 나를 미니멀라이프의 세계로 인도해준 그 회사다.)

그로부터 6년 후, 현재 그 사이에서 꽤나 많은 부침을 겪었고, 지금도 여전히 확실한 정답은 아직 모르지만, 지금은 실무자이자 관리자의 위치에서 3가지 정도의 업무 기준을 만들었다.

1. 일하는 사람들과는 적당히 거리를 둘 것
2. 할 수 있는 데까지 책임을 다할 것
3. 직장생활에 연연하지 말고, 요구할 것이 있으면 할 것

1, 2가 만족되면 3을 해도 직장생활에 지장은 없다. 아니, 원하는 것을 '정당하게 요구할 수 있어' 오히려 회사생활이 더 쉬워진다.

그렇게 기준을 정하고 나니, 경력 16년이 넘는데도 여전히 어려운 회사생활이 조금은 분명해졌다.

2.

입사를 해야 경력이 쌓인다, 회사 면접과 입사 후 필수 스킬 2가지

일단 회사에 들어가야, 경력이든 뭐든 쌓이니 회사와 내가 서로를 선택하는 '인터뷰' 단계부터 내가 알게 된 노하우를 하나씩 풀어놓는다. 15번의 이직이면 인터뷰를 최소 15번은 본 셈이며 한 번에 바로 붙는 경우는 적으니 이력서 제출 횟수, 인터뷰 횟수 등을 고려할 때 경험치는 충분하다고 생각한다.

⟨1⟩ 면접 잘 보는 법 : 차별화되는 나만의 스토리가 필요하다. 또한 신입과 경력자에게 회사가 각기 바라는 것이 다르니, 각자의 포지션에 맞춰서 준비해야 한다.

1) 신입사원이라면

내가 어떤 자세를 가지고 있는지, 이곳에 입사하려고 무엇을 했는지, 어떤 인상을 가지고 있는지 그리고 내가 이곳에서 어떤 비전을 꿈꾸고 있는지를 '논리적으로 그리고 열정적'으로 이야기할 수 있어야 한다. 입사하려는 회사와 업종을 기준으로 학교생활, 취미생활 등을 회사와 연계하여 포트폴리오처럼 보일 수 있게 정리한다. 이정도 준비를 해왔다는 것만으로 플러스 20점은 확보하고 진행할 수 있다. 이전에는 디지털 홍보, 마케팅 분야에서만 SNS활동 등을 체크하기도 했는데 요즈음에는 이력서에 보이지 않는 지원자의 본모습을 보기위해 별도로 SNS를 확인하기도 하니, 이 부분에 대한 대비도 필요하다.

실제 면접관으로 인턴, 신입사원들을 인터뷰 하다 보면, 이 회사에 딱 맞는, 특출난 사람은 그리 많지 않다. 그리고 회사는 원래 신입에게 기대하는 것이 많지는 않다. 아니, 기대하는 것이 많은 회사가 오히려 안 좋은 곳일 수 있다. 그만큼 인력이 모자라거나, 자신들이 뽑는 해당 포지션의 업무를 신입사원도 할 수 있을 정도로 가볍게 보고 있다는 뜻이니까—

포인트는 하나 '예의바르게 배울 자세와 기본 능력을 갖추고 있다'는 것을 어필하는 것

또한 상대의 말을 잘 듣고 있는가에 대한 '말센스'가 있는가도 중요한 요소로 꼽는다. 말은 대화와 사고, 협업에 가장 기본이 되는 부분이라서 질문에 제대로 대답을 못한다든지, 장황하게 설명한다던지 하는 경우, 감점이 된다. 긴장을 하면 뇌가 굳어버린 것처럼 표정관리가 안 되고 아예 말이 안 나오는 경우가 있는데 '오디오가 멈추면 방송사고'인 것처럼 정적이 길어지는 건 면접사고다.

이 때는 솔직히 '지금 긴장을 해서 말이 잘 안 나온다'고 이야기하는 게 더 낫다.

그리고 그렇게 말을 꺼내면 조금이나마 긴장이 풀리기도 한다. 처음이라 긴장되겠지만, '일단 준비한 것은 다 보여주겠다'는 생각으로 임해보자. 그래야 후회가 없다.

마지막으로 일단 면접은 내가 '나를 보여주는 것'이기도 하지만 내가

그 회사를 '평가하는' 것이기도 하다. 당당하게 나를 이야기하고 궁금한 것을 물어보자.

2) 경력자라면

어떤 일을 해왔고 성과가 어떠했는지, 기여도가 얼마인지 등을 이력서 혹은 포트폴리오에 꼭 기입해둔다. 경력을 부풀리는 경우도 적지 않은데 면접에서 걸러지지 않더라도 일을 시작하면 바로 드러나는 부분이니 자신이 '커버'할 수 있는 부분까지 가늠해서 기입하는 게 좋다.

또한 적어둔 내용과 실제 인터뷰에서의 내용이 같은지 다른지 인터뷰어가 확인하는 경우도 부지기수이니, 최소한 내가 어떤 말을 써 뒀는지는 기억해두어야 한다.

신입이라면 3개월 이하라도 '경험치'를 적는 것이 맞지만 경력이라면 3개월 이하의 경력은 빼는 것이 낫다. 어떤 이유를 막론하고라도 '이 사람 여기서 3개월 만에 또 나갈 수도 있겠다'는 의구심을 키워주기 쉽기 때문이다. 그리고 그 기간에 무엇을 했는지 잘 말하고 싶다면, 인터뷰 자체를 시뮬레이션 해두는 방법이 좋다.

능력 있는 헤드헌터를 만나게 되면 이력서를 넣는 회사에 따라 자기소개서를 꼼꼼하게 봐주고 가상 인터뷰를 해주기도 하는데, 요즘에는 헤드헌터가 부동산 중개업자 같이 그냥 사방에 해당 기업의 구인소식을 뿌리고 이력서, 자소서만을 토스하는 경우가 많아, 스스로 한 번 더 검열해보는 것이 낫다.

또한 잘 쓴 자기소개서를 기본 토대로 만들어두고 입사 지원회사에 따라 포인트만 바꾸는 것으로 활용도를 높일 수 있다. 기본 내용에 그 회사에 적합한 워딩, 콘텐츠, 포부로 포장지를 바꾸는 것이다.

〈2〉 입사를 했다면 '일단 일을 잘하자'

1) 업무 시스템과 내 역할을 정확히 파악한다.

입사를 하게 되면 OJT를 회사차원 혹은 팀차원에서 하게 된다. 회사는 어떤 곳이고, 팀은 어떠한 업무를 해왔는지, 다시 팀으로 가면 전임자의 업무와 현재의 내게 기대하는 업무들에 대한 인수인계가 이루어지게 되는 것이다.

신입이든 경력직이든 일단 이곳에는 이곳만의 '시스템'이 있고 내가 어떤 일을 그 시스템에서 해야 하는지부터 파악해야 한다. 신입이라면 위의 사수에게 물어보는 게 가장 확실하며, 경력직이라면 전임자의 업무를 확인하거나 전임자의 인수인계서를 확인하는 것이 도움이 될 것이다.

인수인계서가 있어도 관련 팀원들에게 추가적인 문의를 해야 하는 경우가 있다. 과장이하의 직급이라면 과장이나 팀장의 의중이 무엇인지, 확인하고 이에 따라 업무를 정리할 테지만 그 이상의 직급이라면 나를 뽑은 대표가 무슨 생각을 가지고 있고 어떤 방향성을 가지고 있는지 파악하는 것이 도움이 된다.

인수인계 내용이나 업무내용을 변형을 한다든지, 그 전에 내가 해왔던 방식대로 바꾼다던지 하는 것은 지금의 시스템을 모두 인지하고 난 이후이다. 내가 잘 모르는 것일 뿐, 그렇게 시스템을 정한 데는 나름의 이유와 목적이 있기 때문이다.

또한 그 시스템 안에서 내 역할에 대한 기대를 가지고 있기 때문에 그 기대가 어떤 것인지 확인하고 그것이 내가 회사에서 바라는 것과 같은지 비교해보는 시간도 필요하다. 회사의 기대가 내 니즈와 맞지 않거나 아예 다를 수도 있고 혹은 내 능력과도 다를 수 있으므로 프로베이션이라는 것이 회사가 나를 보는 기간일 수도 있지만 그 반대일 수도 있기 때문에 '출근시작'이 끝이 아니라 '이곳에서 내가 바라던 것을 쌓을 수 있을까'를 기준으로 회사를 지속적으로 살펴봐야 한다.

조금 더 세부적으로 업무를 잘하는 팁을 넣어둔다.

1. 업무를 맡았다면 '이 일을 왜 하는지, 제출기한은 언제까지'인지 확인해둔다.

2. 모르면 최대한 묻는다.(경력자라도 입사 초기는 괜찮다)

단, 똑같은 것을 3번까지 묻지 않도록 조심하자. 2번까지야 '잘 모른다'고 치지만 3번까지 가면 '물어놓고 듣지 않는' 사람으로 보이기 쉽다.

3. 실수를 했다면, 바로 보고하라.

혼자서 해결해보려고 하다가 일이 더 커지는 수가 비일비재하다. 가급적 빨리 말하고 같이 해결책을 찾는 게 훨씬 낫다.

4. 중간보고를 진행하라.

처음부터 끝까지 혼자 마무리하려고 하지 말고 30% 기획 시 중간보고를 진행해서 이 의도가 맞는지 확인한다. 절반 넘게 진행한 후 "이거 아닌데."라는 이야기를 듣는 경우가 세상에는 참 많다.

2) 관계를 잘 맺는다.

팀원 혹은 회사의 사람들과 어느 정도 관계를 맺어두는 게 좋다. 매일 밤, 술잔을 기울이는 관계는 요즘엔 거의 드물고 불필요하지만 최소한 업무적으로 서로 논의가 가능하고, 어려운 점이 있을 경우 'SOS'를 칠 때 도울 수 있을 정도가 된다면 더욱 금상첨화다

업무에 대한 평가는 내가 '혼자서' 만들어내는 것도 있지만 협업을 통해서 이루어지는 것이 대부분이기 때문에 관계를 잘 유지한다는 건 일을 잘한다는 것과도 일맥상통하는 말일 수 있다.

말 주변이 없다거나 사교성이 없다면 다음 2가지만 잘하도록 노력해보자.

1. 인사하기
2. 잘 들어주기

첫 번째는 인사하기다.

그날 처음 만났다면 말소리를 포함한 인사, 하루 중 이미 본 사이라면 가벼운 목례를 하는 것이다. 누가 직원이고 누가 외부 인원인지 잘 파악

이 안 될 수도 있을 텐데 그럴 경우 그냥 '다' 한다고 생각하는 게 마음이 편하다.

인사가 오가면, 그 다음 천천히 이야기가 오가는 게 자연스러워진다. 혹 상대가 인사를 안 받아줘서 뻘쭘한 마음이 들어 자신도 그냥 인사를 안 하게 된다는 사람도 있는데, 상대가 인사를 받아들이는지, 무시하는지는 신경 쓰지 않고, 그저 나는 '내 매너'만 지키면 된다.

인사를 잘하는 것만으로도 기본적인 평판은 유지할 수 있다.

두 번째는 잘 들어주는 것이다. 대부분의 사람들은 상대가 말을 하는 동안 '나는 무슨 말을 하지.'라는 생각으로 상대의 말을 잘 듣지 않을 만큼, 자신이 '말하고 싶은 것'에 집중하고 있다.

따라서 이를 정성껏 잘 들어주는 것만으로도 신뢰가 쌓인다.

단 잘 들어주는 것에는 부가적인 주의점 2가지도 참고해야 한다.

첫 번째, 누군가의 험담을 들을 때에는 '동조'도 '반박'도 아닌 그 중간의 선을 잘 타야 한다는 것이다. 험담을 들어줬다는 것으로도 빌미가 될 수 있기 때문에, 상대의 이야기를 '그저 들어주는' 포지셔닝을 취하는 것이 현명하다. 박쥐와 중립국가는 한 끗 차이일 수 있음을 잊지 말자.

두 번째, 내가 지금 들은 이야기는 '다른 누구에게 말하지 않는다'는 노력은 있어야 한다. 신뢰는 들어주는 것 그 다음 그 비밀을 '지키는 것'으로 이동한다. 정말 누군가에게 이야기하고 싶다면, 일기에 쓰던지 회사와 전혀 아무런 상관이 없는 지인에게만 이야기한다. 카톡이나 기록이 남는 것에는 금지— 내 경우에는 오프라인으로 만나서 이야기 하는 것 외에는 발설하지 않았다.(임금님 귀는 당나귀 귀! 그래서 술자리가 몹시 필요한 날들이 많았다.)

3.

스무스한 랜딩 –
알아두면 좋은 직장생활 추가 팁

일을 잘하고 관계를 잘 맺는 것으로 어느 정도 회사생활에는 적응할 수 있겠지만, 양념을 치면 음식 맛이 더 좋아지듯 회사 생활에 양념이 될 만한 몇 개의 팁이 있다. 회사, 책에서도 잘 알려주지 않는 경험치를 통해 얻은 추가 팁을 소개한다.

〈1〉 프로베이션 기간

신입사원을 제외하고 요즘에는 경력직도 프로베이션 기간이 있는 경우가 많은데, 프로베이션 기간에 탈락하는 사람은 거의 없다고는 하지만, 아예 없지는 않다. 프로베이션 기간에 대한 계약서를 확인, 어떻게 명시되어 있는지 꼼꼼하게 잘 살펴보아야 하며, 평가사유 및 해고사유, 특이 사항등은 기억해두는 것이 좋다.

프로베이션 기간은 회사가 나를 평가하는 기간이기도 하지만, 반대로 내가 회사를 평가하는 기간이기도 하다. 회사가 프로베이션 기간을 두는 것은 서면으로 알 수 없는 지원자의 실제 능력을 검증하기 위함이며, 한 번 정직원이 되고 나면 해고의 절차가 복잡하고 까다로워서 쉽사리 해고를 할 수 없기 때문이기도 하다. 프로베이션 기간에는 회사가 결정만 한다면 바로 '그만 나오세요.'라는 통보를 하는 것으로 손쉽게 직원과의 관계를 마무리할 수 있다. 반전은 회사뿐 아니라 나 또한 아무런 서류나 인수인계 없이도 '저 내일부터 안 나올게요.'라고 할 수 있다는 점.
열심히는 하되, 오히려 내 쪽에서 회사가 마음에 안 들 수 있다는 것도 기억하자.

〈2〉 우리 팀 외 공략할 팀
입사하면 우리팀 외에 공략해야 하는 팀은 회계팀과 인사팀이다. 회사에 대한 기본 규칙, 급여, 지급되는 물품 등에 대한 모든 것을 확인할 수 있을 뿐 아니라, 누구보다 더 회사 내의 분위기, 상황, 소문 등을 잘 아는 사람들이기 때문이다.

일부러 '접근'한다기보다는 회사에 대해 이것저것 문의를 하는 수준에서 시작하자. 의외로 너무 많은 것들을 알고 있고 팀 업무가 아예 달라, 조금 소외되는 부서일 수 있어 외로워하는 팀원들이 꽤나 있다.

우리 팀원을 3번 정도 챙길 때 한번 챙기는 정도, 그리고 그 팀에 업무적으로 필요한 부분을 요청하고 받을 때 확실히 감사를 표하는 것만으로도 친해지기는 수월하다. 혹 그 회사를 생각보다 일찍 떠나게 될 경우라도 관계만 잘 생성해두면, 원천 징수 등의 경력확인이 가능한 서류 등을 뗄 수 있고 회사마다 다른 급여체계로 퇴사일자에 따른 휴가, 급여 등에 대한 팁을 함께 조언으로 들을 수도 있다.

〈3〉 회사와 밀당하기

내가 이렇게 열심히, 잘 일하고 있다는 것을 묵묵히 알아주는 회사와 상사가 있으면야 금상첨화겠지만 의외로 적다. 아니 거의 없다고 생각하는 편이 낫다. 조용히 가만히 있다가는 너무도 '당연하게' 회사에 큰 불만 없이 잘 다니고 있다고 생각할 수 있어 상대적으로 '사고를 일으키거나, 성과가 낮은' 직원보다 더 케어를 받기 어려울 수 있기 때문에 연인과의 밀당처럼 회사와도 적당한 밀당이 필요하다.

하지만 썸을 탈 무렵에 너무 세게 밀당을 하면 사귈 수도 없어지므로, 일단은 서로에 대한 신뢰를 쌓은 후부터 밀당을 시작한다. (최소한 직속 상사에게라도 어느 정도 인정을 받은 다음부터 시작하라는 이야기이다.)

성과를 냈다면 어필한다. 혹 부당한 대우를 받는다면 정중히 항의한다. 고자질한다고 생각되지 않도록, 앞서 친해진 인사팀 사람에게 간단한 조언을 구하는 형식으로 '불만사항'에 대해 이야기해 보아도 괜찮다.

그리고 일을 꽤나 열심히, 잘 하고 있는데 회사 안의 누군가가 그 일을 망치고 있다면 참지 말고 항의를 해서 나와 내 노력의 결과가 손해보는 일이 없도록 해야 한다. 단 장문의 메일을 보내든 구두로 이야기를 하든, 누가 들어도 '사실에 입각하여 예의 바르게' 진행해야 하는 것이 주의점! 회사는 하극상에 대한 거부감이 가장 심하고 (영어 이름을 부르고, 직급을 바꾼다고 해도 어디까지나 '이윤 창출'을 위해 모인 '서열이 분명한' 조직집단이다. 규범을 제대로 지키지 않는 인원에겐 배려가 없다.) 아무리 바른 말을 했어도 기본의 룰을 뒤집어엎는 것은 용인하지 않기 때문이다.

그러나 모든 것을 내려두고 싸워야 할 때가 오기도 한다.

대표와 싸워야 한다면, 당연히 퇴사는 각오해야 하지만 최소한 '퇴사하겠습니다.'라는 말은 내 입에서 나오지 않아야 한다. 퇴사와 해고는 이후 6개월간 내가 받을 수 있는 수입의 유무를 가른다. (실업급여가 나오기 때문이다.)

〈4〉 적응 잘하는 추가 팁

몇 가지 '나를 위한' 무언가를 해두는 것도 방법이다. 내 경우에는 꽃구독을 하거나 화분을 사거나 했었다. 나의 '취향'과 '존재'를 알리는 방법이기도 하고, 무언가 나를 위한 것이 회사에 있다는 것으로 안정감이 커졌다. 새로 이사 간 집에 내 취향에 맞는 커튼을 먼저 걸어서 분위기를 아늑하게 해두는 것과 같은 이치라고도 할 것이다.

일부러 술자리를 만들고 사람들을 사귀는 것까지는 아니지만, 주 5일의 근무시간 중 2일 정도는 타부서 사람들과 점심식사를 해보는 것도 방법일 수 있다. 어떤 식으로든 우리 팀, 혹은 다른 부서 사람과 업무를 진행하기 마련인데, 이를 걸쳐서 식사할 사람을 확보해두는 것이다. 다양한 사람들과 식사를 하면서 회사에 대한 전반적인 이해도도 높일 뿐더러, 각 부서의 내용을 알고 있으면 어떤 식으로든 도움이 된다. 어쨌든 사람은 '관계'로 맺어지고 그 '관계'를 통해 일을 더 잘 할 수 있는 곳이 회사니까 말이다.

다정하게 때로는 단호하게

4.

담담하고 멋있게
떠나가는 법

모든 것은 시작이 중요하지만 그보다 더 중요한 것은 바로 끝맺음이다. 장기근속이라는 말이 무색할 만큼 이직이 잦은 시대— 어떻게 하면 이직을 잘 하고, 잘 떠나가야 하는지 그 팁을 확인해보자.

〈1〉 이직을 하고 싶다면

어느 정도 적응을 하고 나면 회사의 문제점이 보이기 시작한다. '3.6.9'라는 말이 있듯이 (3개월, 6개월, 9개월 차에 이직을 하고 싶어 하고, 다시 3년 차부터 이직을 하고 싶어 한다는 속설) 사람들은 지속적으로 이직과 퇴사를 꿈꾸니까—

일단 신입이라면 1년차의 이직은 '정말 가고 싶었던 회사 혹은 직급'이 아니라면 추천하지 않는다. 인정되기 애매한 경력일 뿐더러, 뭔가 할 만할 때 회사를 떠나게 되는 터라, 어중간한 업무능력만 있는 경우가 대부분으로 스스로 무언가 할 수 있는 경력이 아니다. 최소 2년을 기준으로 이직에 대한 마음을 정한다.

마음을 정했다면 왜 이직을 하고 싶은지 그 원인을 분명히 알아야 한다. 단지 '이곳이 싫어서'라는 문제로 나가게 되면 이직할 곳을 제대로 알아보지 않을 가능성이 크고, 이직 후 더 안 좋은 곳, 더 큰 문제에 부딪칠 수 있기 때문이다. 최초의 생각이 '이 회사가 싫어서'였더라도 '저 회사로 가고 싶어서'가 아닌 이상 움직이지 않는 것이 좋다.

이따금 회사에 대한 매너리즘에 빠져 이직을 하고 싶어 하는 부하직원들의 상담을 받으면 먼저 "너는 회사에 꼭 필요한 사람이다."라는 말을 해준 후 이 말을 덧붙여 준다. "일단 이력서를 써서 구직사이트와 헤드헌터에 뿌려보라"고—

그들이 주는 결과로 내 눈높이에 맞는 회사가 나에게 관심이 있는지, 그들이 원하는 스펙에 내가 부합하는지 등의 내 상황을 객관적으로 판단해보라는 것이 그 이유다.

사람들은 행동 전에 이미 '기대치가 높아지는' 경우가 많기 때문에 내가 시장에서 어떤 위치의 포지션인지를 확실하게 알게 되면, 그리고 지원한 회사에서 나를 '거절'하는 경우 그 이유를 알게 되는 것으로 이후 이직준비의 방향을 결정할 수 있다.

내 정확한 위치를 아는 것으로 허황된 꿈이나 동경은 잠재울 수 있는 것이다.

이직은 '도피'가 아니라 저 곳으로 가고 싶은 '희망'이어야 한다.

⟨2⟩ 퇴사 잘하는 법

모든 일에 가장 중요한 것이 바로 마무리다. 퇴사는 더 나은 시작을 위한 마무리이지만, 회사를 그만둔다고 이곳의 모든 사람을 다시 만나지 않게 되는 것은 아니다. 어디에서나 또 만날 수 있고, 어떤 식으로든 영향을 미치기 때문에 회사가 월급을 연체했거나 몹쓸 짓을 하지 않았다면 최대한 '잘'나가는 것이 이후 어떤 중요한 자리에서 전 직장 사람을 만났을 때 조마조마하고 심장이 터지는 듯한 기분을 맛보지 않을 방법이기도 하다.

현재 다니고 있는 직장에 하는 퇴사 통보는 이직이 확정되고, 그 회사로부터 offer letter(입사 확정 메일)를 받은 이후에 진행한다. 이는 회사보다 나 '자신'을 가장 위하는 최선의 방법이다. 또한 회사의 입사 시기나 회사명을 현 직장에는 가급적 알리지 않는 편이 좋다. 누군가 억하심정으로 레퍼런스 체크(경력자의 입사 전 마지막 단계로 이 사람의 이전 경력과 평판들을 확인하는 것) 체크를 엉망으로 해줄 수도 있고, 또 다른 예상치 못한 일들이 생길 수 있다. 바라던 일일수록 조심하고 또 조심한다.

퇴사 통보는 업무 종료 30일 전이라고 대부분 회사규정으로 정해져 있는데, 회사 규정과 나라에서 정한 고용노동법의 내용이 다르다면, 고용노동법이 무조건 우선한다. 그리고 고용노동법에는 사용자(근로자)는 어느 때고 퇴사통보가 가능하다고 명시되어 있다. 따라서 후임자를 뽑고 인수인계를 하는 기간까지 최대한 맞춰보되, 정 급하면 당겨도 무방하다.

내 경우에는 이직하는 회사에는 퇴사 시기를 조금 미뤄서 이야기했고, 전 회사에는 이직하는 회사의 입사시기를 조금 당겨서 이야기한 후 2주 정도의 시간을 확보, 여행을 다녀오고 쉬는 시간을 가졌다. 직장인에게 2주의 휴가 기간은 만들기 힘든 기간이기도 하고, 다시 시작하는 리프레시 기간이 있어야 이후 새롭게 업무에 임할 수 있기 때문이다.

이직이 아니라 해고라면 이야기는 조금 달라진다. 퇴사와 해고의 차이는 퇴직 의사를 내 자의로 밝혔냐, 아니면 회사에서 통보했냐인데, 회사에서는 직원의 급작스러운 해고 시에는 한 달 이상 급여에 해당하는 해직 위로금을 줘야 하며, 해가 바뀌고 퇴사하는 것이라면 1년 동안 써야 하는데 퇴사로 쓰지 못할 유급휴가의 비용도 함께 지급해야 한다.

여기에 실업수당도 지급받을 수 있게 회사에서 서류를 제출해줘야 한다. 해고에 대한 책임 소재를 떠넘기기 위해 '업무태만' 등의 이유를 들 수도 있는데, 이는 증거가 없으므로 회사에 큰 손해를 끼치는 잘못을 하지 않는 이상 괜찮다.

또한 6개월 이상의 근무기간에 따라 고용보험에서 실업급여를 받을 수 있다. 회사의 '계약서' 조항을 한 번 더 면밀히 살펴보는 것도 좋다.

5.

직장 선배로서의
마지막 당부

'회사는 내 커리어를 발전시키고 월급을 주는 곳'으로 아주 중요한 곳이지만, 내 삶 전체와 비교한다면 그 가치는 어마하게 하찮다.

따라서 나와 회사를 맞바꿔서는 안 된다.

월급이 크던 작던 내게는 정말 소중하지만, 그보다 소중한 건 바로 '나 자신'이기 때문이다.

위아래도 잘 모르고 매너도 없고 일도 제대로 안 하는 사람들은 누가 뭐라 말해주지 않아도 알아서 쉬고, 알아서 어려운 일은 빠진다.

그렇지만 열심히 하는 사람들, 자신의 능력을 최대한 발휘하려고 노력하는 사람들은 어렵다거나 힘들다는 말을 잘 하지 못한다.

내 능력과 한계를 잘 알고 '거절하는 것'도 할 수 있어야 한다.

회사에서 '책임'은 중요한 덕목이지만 '나를 지키는 책임'은 내 삶의 전반에 걸쳐 있는 최우선으로 지켜야 할 규칙이다.

'참고 견디라'는 말은 내가 '성장할 수 있을 만큼' 참으라는 것이지, '죽을 정도'까지 참으라는 것은 아니다.

실패도 성공도 재도전도 내가 '있어야' 존재한다.

또한 알량한 월급 때문에 '건강'을 잃는다면, 영원히 나를 잃는 수도 생기니, 회사가 멘탈을 무너뜨리고 내 건강을 무너뜨리는 곳이라면

버티지 말고 그곳을 빠져나와라.

회사는 아픈 당신을 지켜주지 않을 것이며

무너진 나를 일으켜 세워주지 않는다.

나는 내가 지켜내야 한다.

"회사는 아픈 당신을 지켜주지 않을 것이며

무너진 나를 일으켜 세워주지 않는다.

나는 내가 지켜내야 한다."

Life   Time   Mental   Relation   Work   Habit

6장

굳은 의지

없이도

잘하게 된다

: 습관 만들기

1.

습관을 잘 바꾸면
삶이 바뀐다

습관은 뇌의 습성과 밀접한 관계에 있다. 뇌는 초당 4억비트의 정보를 처리하지만 의식해서 처리하는 정보는 2,000비트에 불과하다고 한다. 나머지 3억 8,000비트는 뇌가 과부하가 걸리지 않기 위해 무의식적으로 처리되는 것들이다.

그래서 일어나자마자 화장실에 다녀와 커피 한 잔을 마시고, 밥을 먹을 때 숟가락을 드는 행동은 자동적으로 일어난다. 이는 뇌가 일일이 무언가를 판단해서 진행하기에는 인간의 생각과 행동은 수없이 많아 효율

화가 떨어지기 때문이다. 이 무의식적인 행동이 바로 '효율을 위한 자동화'이고 이를 다른 말로 '습관'이라고 한다.

'습관'을 잘 길러두면 굳이 '의지'가 없어도 내가 원하는 일을 해낼 수 있다.

이 책을 읽어내려가면서 '물건, 시간, 관계, 건강 등의 모든 것을 도대체 언제까지 신경 쓰면서 살아야 하나? 너무 타이트하게 사는 것이 아닌가?'라고 생각하는 사람이 있을 것이다.

그렇지만, 그게 '습관'이 되면 의지보다는 '몸'이 먼저 반응하게 되면서 실행이 편안해진다. 그리고 그런 습관은 나를 더 나은 '나'로 만들어준다.

"로스엔젤레스에서 뉴욕으로 비행한다고 생각해보자. 로스엔젤레스 공항을 출발한 조종사가 남쪽으로 단 3.5도만 경로를 조정해도 우리는 뉴욕이 아니라 워싱턴 D.C에 착륙하게 된다. 비행기 앞머리가 단 몇미터 움직이는 것처럼 작은 변화라해도, 미국 전체를 가로질러 간다고 하면 결국 수백킬로미터 떨어진 곳에 도달하는 것이다."

— 『아주 작은 습관의 힘』, 제임스 클리어

습관은 복리 이자라는 말이 있다. 하루의 작은 부분이 바뀌는 것뿐이지만 그것이 쌓이면 어마어마한 힘을 발휘하게 된다. 하루에 1퍼센트가 나아지거나 나빠지는 건 그 순간 의미가 없어 보일지라도 이것이 끊임없이 이어지면 이것으로 '삶의 차이'가 결정난다.

66일의 법칙이라든지 습관에 대한 다양한 법칙들이 존재하는데, 습관을 기르는 기본 핵심은 같은 것을 반복하여 뇌가 아닌 '몸이' 자동적으로 반응하게 하고, 이를 지속적으로 유지할 수 있도록 보상/여유/변화를 끊임없이 제공해야 한다는 것이다.

개인적인 실천을 바탕으로 정리한 습관 만들기 방법은 아래의 4단계를 기본으로 이루어진다. 각각 습관의 '주제'에 따라 세부 내용들이 변경되거나 일부 바뀌기도 한다.

시작 - 계기 만들기 / 시작은 쉽게

지속 - 천천히 늘려나간다 / 기록을 남긴다 / 잘한 나에게 상을 준다

위기 - 슬럼프가 온다면 / 자랑하기

또 다른 변화 - 조금 변형해보기 / 80%만

2.

나를 키워나가는 중요한 습관 1
- 독서

독서가 중요하다는 것을 모르는 사람은 없을 것이다. 읽을 시간도 통 없고 뭘 읽어야 할지도 모르겠다면 아직 독서가 '습관이 되지 않은 것'뿐 이다. 내 경우에는 어렸을 적부터 책을 좋아하던 터라 독서에 대한 거부 감은 없었는데, 직장과 육아의 병행으로 약 4년정도 거의 못 읽었던 까 닭에 다시 독서를 시작하고 체화하는 데 시간과 노력이 필요했다. 매일 매일 봐오고 쓰는 한글인데도 문어와 구어는 또 달라서 활자도 읽지 않 으면 이해능력이 줄어든다.

아이가 4살 때 시작한 모닝 루틴-새벽기상의 최종 목표는 '책 파워블로거'가 되는 것이었다.

기업 블로그, SNS 등을 포함한 온라인 PR을 기획, 운영하는 것이 직업이었기에 콘텐츠 발행과 방문자 증대를 위한 기본 방침은 알고 있었다. '나만의 오리지널 콘텐츠'를 정기적으로 꾸준히 올려야 한다는 것-

그 1년의 기간에 1일 1책 독서 완료 후 리뷰를 실행 목표로 삼고, 결과적으로는 독서가 다시 '습관'이 되었을 뿐 아니라 매일 네이버 블로그에 올린 책 리뷰로 '파워블로거'라는 호칭까지도 얻을 수 있었다.

난독증처럼 책을 아예 못 읽는 사람이 아니라면 독서도 습관이 되면 어렵지 않다. 더군다나 독서는 나를 이끌고, 위로하고, 힘나게 하며, 즐겁게 해주기도 하기 때문에 그 효과는 놀라울 정도로 크다.

시작 - 계기 만들기 / 시작은 쉽게

지속 - 천천히 늘려나간다 / 기록을 남긴다 / 잘한 나에게 상을 준다

위기 - 슬럼프가 온다면 / 자랑하기

또다른 변화 - 조금 변형해보기 / 80%만

1. 계기를 만든다.

왜 책을 읽어야 하나? 사람들이 읽으라고 해서? 자기계발에 필요하다고 해서?

책으로 무엇을 얻을 것인가?를 생각해보고 나만의 '독서 목표'를 정하면 조금 더 내 행동에 무게를 실어줄 수 있다. 내 경우에는 독서도 하면서 블로그도 같이 키워볼 생각으로 '나는 하루에 한 권 책을 읽고 리뷰를 써서 파워블로거가 되겠다.'라는 구체적인 목표로 접근해서 시작했지만 사람마다 각기 목표는 다를 것이다. 독서가 좋다고 하니 한 달에 한 권은 꼭 읽고 실행에 옮기자는 계획이어도 괜찮다. 내가 '왜' 이걸 하는지를 조금 더 명확히 하면 그에 따른 행동도 좀 더 심플하면서 강해진다.

2. 쉽게 시작한다.

다시 시작하는 독서는 일단 중간에 도망치고 싶은 생각이 들지 않도록 '쉽고 재밌어야' 한다. 그러나 말 그대로 오랜만의 독서이니 뭘 읽을지도 잘 모르는 상태라면 책을 고르는 방법 3가지를 추천한다.

1. 발품을 팔 수 있을 정도로 의지가 있다면

→ 독립서점을 방문, 주인장에게 책을 추천받는다.

독립서점은 '책을 무지하게 좋아하는 사람'이 만들어낸 책의 성지다. 서점 안으로 들어서는 순간 취향을 업으로 삼고 있는 주인장이 '온화하게 웃고 있을 것'이다. 기존 대형서점에서 볼 수 없는 독특한 책과 책 배치를 함께 볼 수 있을 것이고, 주인장은 손님의 취향에 기꺼이 '상담자' 내지는 '동반자'가 되어줄 것이다. 일단 마음에 드는 책을 집어든 후 주인장과 상담하라. 혹은 그냥 '이런 책 있나요?'라고 물어만 봐도 답을 내줄 것이다.

2. 친구 정도 만날 수 있는 시간밖에 없다면

→ 나랑 취향이 맞는다고 생각하는, 가까운 사람에게 책을 추천받는다.

중학교 이하의 학창시절 친구는 여기서 제외한다. 학창시절 친구와 여행을 가면 초반에는 꼭 싸우게 되듯, 그 친구들과는 '추억'이 맞는 것이지 '취향'이 맞는 것이 아니기 때문이다. '취향'과 '의견'이 비슷한 친구가 지금 어떤 책을 읽는지 물어본다. 추천을 받아도 좋고 빌려도 좋다

3. 돈은 있고 시간은 없다면

→ 관심 분야의 베스트 셀러를 두어 권 산다.(들고 다닐 수 있을 정도의
두께로 고른다)

많은 사람들의 사랑을 받는 책에는 이유가 있다. 대중적인 책은 읽기
에 무난하고, '누군가와 대화거리'가 되는 소재들이 많아 다채롭게 활용
할 수 있다.

앞의 3가지 중 책을 선정받아서 읽기 시작했는데, 1, 2페이지에서 도무지 진도가 안 나간다면, 긴 글을 읽는 능력 자체가 조금 퇴화된 상황일 수 있겠다. 그렇다면, 글이 조금 적은 책으로 눈을 돌려보자. 짧은 에세이 집이라던지 시집, 웹툰이나 일러스트가 섞인 책들이 그런 부류이다.

책을 고른 후, 언제 읽을 수 있는지 시간을 확인한다. 누구의 방해도 받지 않는, 가급적 혼자 조용히 읽을 수 있는 시간(최소 30분 이상)을 마련해둔다.

3. 지속한다.

독서는 시간을 내서 한다기보다는 '자투리 시간'을 활용해 틈틈이 할 수 있도록 습관을 들이는 것이 좋다.

1) 반대요인을 제거한다.

처음에는 '독서' 자체가 즐거워지기 위해서 어느 정도 읽는 것에 익숙해지는 시간이 필요하다. 크게 시간을 할애하지 않고 30분 내외로 오전 시간에 가볍게 읽는 것으로 시작한다. 특히나 독서는 이와 비슷하게 쉽게 접근할 수 있는 휴대폰, TV 등 다양한 '방해물'을 없애는 것을 우선시

하는 편이 더욱 효율적이다.

　가장 간단한 방법은 귀차니즘을 극대화하는 것이다. 리모컨을 찾다가 못 찾아서 TV를 안 켜는 경우가 있듯, 리모컨과 휴대폰은 내가 가장 잘 머무는 집의 자리에서 굳이 '가지러 가야 하는' 곳에 두고, 책은 최대한 가깝게 두는 것 등이다.

　지하철 등의 대중교통을 이용한다면 이 시간을 활용해서도 독서가 가능한데, 책을 가방의 가장 바깥쪽에, 휴대폰을 가장 안쪽으로 두어 '쉽게 접하게' 만들어두는 것이다.

　이러한 사소한 장치도 습관화에 도움이 된다.

　또 하나는 내가 즐겁게, 기꺼이 자주 하는 활동과 독서를 묶어두는 것이다. 커피를 마시는 것을 좋아한다면 커피 옆에 책을 두고 마시는 동안 잠깐 읽을 수 있게 한다든지, 음악을 듣고 힘을 내는 것이 필요하다면 CD 플레이어 옆에 책을 두고 읽는다든지 하면 시너지 효과를 얻을 수 있다.

　2) 기록을 남긴다.

　눈으로 보이는 성과가 있으면 행동에 자극이 된다. 인스타그램에 매일

의 독서 기록을 올리거나, 좋아하는 문구를 적어두기 혹은 모바일 '독서'
앱을 활용하여 틈틈이 읽는 독서 내용을 기록해본다. 하루에 10페이지만
읽는다고 해도 그 하루가 20일이 모이면 200페이지가 된다.

성취가 자극이 되고, 이것이 기록으로 눈으로 보이면 그 성취감을 느
끼기 위해서라도 지속적으로 하게 되는 경향이 있다.

3) 잘한 나에게 상을 준다.

누군가에게 칭찬을 받을 나이는 이미 지났지만 그럼에도 불구하고 칭
찬은 '나'를 춤추게 하는 것은 사실이다. 그 기준은 각기 정하기 나름이
만, 자신이 '열심히 했는지, 그렇지 않았는지'는 본인이 가장 잘 알 것이
다. 카페 스탬프에 도장 10개가 찍히면 커피 한잔을 선물로 받듯이 열심
히 한 나에게 리워드를 준다.

단, 이 리워드는 '독서 습관'에 대한 리워드이기 때문에 이와 상충되는
게임, TV 관련된 것들은 제외해야 하며, 주머니사정은 고려하여서 진행
하되 책과 연관된 것이면 함께 '인증샷이나 자랑'을 할 수 있어 그 효과가
배가 된다는 사실도 함께 기억하자.

4. 슬럼프가 올 때

물 흐르듯이 자연스럽게 이어져 습관화가 되면 좋지만, 과로를 하거나 혹은 급하게 처리해야 하는 일이 생겨서 책을 읽을 여유가 전혀 나지 않는다거나 여러 가지 일로 의지가 '발휘되지 못하는' 시기가 오기도 한다. 혹은, 아무 이유 없이 '내가 이걸 왜 하고 있지?'라는 무기력증이 발생하기도 한다. 그럴 땐 이렇게 하자.

1) 일단 멈춘다.

마음은 무겁고 몸은 움직이지 않는다. '해야하는데…' 생각하는 것만으로도 맥이 빠지거나 짜증이 난다면 이미 내가 '무언가를 새로 시작할 수 있는 상황'이 아닐 수 있다. 이때는 일단 내 멘탈부터 케어하는 것이 정석이다. 아픈 사람에게 "일단 회복하세요."라고 말하지, 운동을 시키지 않는 것과 같은 이치—

내 상태가 어떤지 확인했고 지속할 수 있는 상황이 아니라고 판단했다면 일단 멈춘다. 도저히 안 되겠는데 마음만 시달리면 어느 순간 아예 돌아오지 못할 수 있다.

단, '이때까지는 괜찮아질 테니 이때부터 다시 하자'라고 마지노선을 정해둔다.

2) 바꾼다

무언가가 바뀌면 새롭게 느껴지면서 슬럼프가 조금 완화기도 한다. 읽던 책을 바꾸거나, 책을 읽는 공간을 바꿔본다. 책 자체에 흥미가 떨어지면 진도가 안 나가는 것은 기정사실이니까─ 혹은 매번 서재에서 책을 읽었다면 좋아하는 카페라든지, 도서관 등 다른 곳으로 책 읽는 패턴을 바꿔본다.

3) 함께할 사람을 찾아본다.

나 혼자서 하는 일에 내가 '슬럼프'가 되면 답이 없다. 그럴 때에는 함께할 사람을 찾아본다. 친구 혹은 독서클럽, 인스타그램 지인이라도 괜찮다. 꽤 많은 돈을 들여야 하는 트레바리 같은 유명 독서클럽이 아니더라도 책을 읽고 이야기를 나눌 수 있는 공간이나 기회는 꽤 많다.

이 모임에 참여하기 위해서라도 책을 읽게 되는 '숙제' 같은 의미가 생긴다.

4) 읽지 말고 책으로 다른 걸 해본다.

인스타그램 등에 #book 해시태그로 내 독서기를 올려보는 것이다.(읽지 않고 그간 읽은 것을 올리는 거다) 가끔은 책을 읽는 것보다 책 읽은 것을 자랑할 때 더 기분이 좋다는 생각이 들 때가 있다.

누군가가 나를 보고 있다고 생각하면 욕심이 더 생기는 것도 사실이니까ㅡ 아주 소소한 분량의 독서라도 마음껏 자랑해본다.

5. 나만의 계획 & 목표를 세운다.

책 한권을 다 읽었다면 이제 조금 더 심층적인 습관을 들일 때다. 독서는 '습관화'도 중요하지만 이후 이 읽은 내용을 어떻게 활용하는지가 더욱 중요하다.

한 권을 읽는 데 어느 정도 걸리는지 대략적으로 파악이 되었으면, 독서 계획을 세워본다.

어떤 지식을 얻고 싶은지 나의 '니즈'를 판단한 후, 이에 대한 책을 고르고, 독서 캘린더를 만들어본다. 필사를 해도 좋고, 인스타 인증으로, 혹은 리뷰 글로 남겨도 괜찮다.

6. 독서록을 만든다.

책을 읽는 궁극적인 목적은 책 속의 지식을 내 '것'으로 흡수하는 것이다. 따라서 어느 정도 독서가 익숙해졌다면 이를 바탕으로 내 생각을 함께 정리하는 시간을 마련해두어야 한다. 최근에는 독서 어플이 많이 나오고 있어 이를 사용해도 되고, 노트에 줄을 긋고 아날로그 식으로 사용해도 좋지만, 블로그나 노션 등을 활용하여 디지털기록으로 남겨두는 것을 추천한다.

사람은 생각보다 '기억력'이 좋지 않아 오늘 읽은 것은 다음 날이면 절반을 넘게 잊어버리고 그 다음 날이면 20%정도밖에 남아 있지 않는다고 한다.

독서록에는 책의 기본적인 내용을 적어두고, 이 책을 통해 내가 얻은 것, 그리고 실천해야 할 것 등을 함께 기록해둔다.

노트가 아닌 디지털 기록을 추천하는 이유는 '검색'과 이후 활용이 용이하기 때문이다. 시간이 지나면 책의 내용뿐 아니라, 그 책을 '읽었는지' 조차 잊어버리게 되는 경우가 있는데, 이때 '검색' 기능은 큰 힘을 발휘한다.

3.

독서, 어떻게 읽는 게
잘하는 걸까?

"진정으로 가치가 있는 것은 때때로 효율이 나쁜 행위를 통해서만이 획득할 수 있는 것이다. 비록 공허한 행위가 있었다고 해도, 그것은 결코 어리석은 행위는 아닐 것이다. 나는 그렇게 생각한다. 실감으로써. 그리고 경험칙으로써."

— 『달리기를 말할 때 하고 싶은 이야기』, 무라카미 하루키

독서를 시작하면 기본적으로는 빠트리는 부분 없이 끝까지 읽으려고

하고, 책을 읽는 속도도 빠른 편이다. 2시간 정도면 무리 없이 책 한 권은 완독한다.

1년 365일간 365권을 목표로 1일 1리뷰를 쓸 당시 내 이야기를 들은 사람들은 꾸준함에도 놀랐지만, 책을 빨리 읽는 것에도 관심을 많이 보였다.

"책을 어떻게 하면 빨리 읽어요?"라는 물음에 나는 "왜 빨리 읽고 싶어요?"라고 되묻곤 했다. 대부분은 많은 책을 빠르게 읽어 더 많은 정보를 얻고 싶다는 것이 이유였다.

책을 다 읽으려고 생각하지 말고 필요한 부분만 읽으라는 독서팁도 있고, 최근에는 베스트셀러에 실려 있는 10페이지 독서법도 많은 사람들이 따라 하고 있는 듯하다. 10페이지 독서법은 다양한 책을 가까이에 두고 하루에 10페이지씩 읽어 책에 대한 지루함을 없애고 지식의 융합을 자극하는 취지로 진행하는 독서법인데, 개인적으로는 이 독서법은 추천하지 않는다.

모든 창조는 모방에서 시작하지만, 최초는 그 모방이 어떤 의미가 있느지 확실히 인식해야 하는데 10페이지만으로는 정확한 지식을 습득했다고 할 수 없기 때문이다. 글의 맥락이 10페이지 뒤로 이어질지 100페이지 뒤로 이어질지 모른 채 그저 10페이지라는 분량을 머릿속에 집어넣는 것은 맥락이 이해되지 않을 가능성이 높다. 흥미를 유발할 수는 있지만, 그뿐이다.

어설픈 지식들이 층층이 쌓이는 것은 브레인스토밍이라기보다는 그저 각각의 재료의 특성을 고려하지 않고 그냥 뒤섞어놓은 혼란에 가깝다. 서로의 맛을 보완해주는 비빔밥인지 아닌지는 각각의 재료의 특성을 그만큼 이해하는지, 비빔장 같은 중심점이 있는지가 우선인데, 그 중심점이 없다면 그저 읽고 있는 책 권 수만 늘어난 어수선한 독서가 될 가능성이 크다.

나는 독서의 목표를 정보와 탐미, 2가지로 나누고 있는데, 사회과학적 지식, 자기계발 등의 '정보'를 얻는 독서와 등장인물의 서사, 말맛을 깊이 음미해야 하는 '글의 미학'을 감상하는 독서로 각기 독서법이 다르다.

전자의 경우는 번역서가 대부분으로 굳이 단어의 깊이를 고민하거나 할 필요가 없기 때문에, 문단을 한 덩어리로 보고 정보 위주로 빠르게 읽어 내려간다.

논리가 있고 완성도가 높은 책은 저자가 독자에게 조금 더 '자신의 생각'을 전달하기 위해서 머리말에 책의 목차, 의도를 모두 써두는 경향이 강해, 목차와 머리말까지 읽는 것으로도 내게 필요한 정보가 어느 부분인지 파악할 수 있다.

머리말과 목차를 읽고 시작하면 여행지에 가기 전 미리 '가이드북'을 보는 것과 같은 이치로 원하는 정보에 빠르게 도달할 수 있고, 몰입 또한 쉬워진다.

이 경우에는 한 번에 모두 다 이해가 되지 않더라도 일단 빠르게 한 번 읽고, 책의 내용을 리뷰, 정리하면서 조금 더 차근차근 세부 내용을 파악한다.

후자인 탐미독서의 경우에는 속독보다는 정독이 필요하다. 특히 한국 작가가 쓴 책들이라면 더욱 그렇다. 단어 하나하나의 뉘앙스, 분위기를 파악하고 혹 번역본이라도 역자들이 고심해서 펼쳐놓는 문장들이 대부분이기 때문에 글을 읽는다기보다는 글을 머릿속에 넣어 형상화하는 자세로 접근한다. 흐름이 끊기지 않도록 마음을 울리는 문장들을 표기해두는 것도 방법이다.

드라마와 뉴스를 함께 보듯, 탐미의 책과 정보가 있는 책을 함께 읽으면 내용이 섞이지 않고 지루하지 않게 지속적으로 독서를 이어나갈 수 있다. 정보만을 급하게 접하고 나면 우유 없이 과자를 가득 먹은 듯 소화가 힘들 때가 있는데, 그때는 탐미를 위한 에세이나 소설을 집어들면 되는 것이다.

완독한 책들은 새로운 책으로 바꾸기 전 읽은 책의 내용이 머릿속에서 다 사라지지 않도록 짧게나마 리뷰를 써둔다. 그 시간도 안 날 경우에는 좋았던 구절 몇 개를 사진으로 찍어두기도 한다.

독서는 책을 몇 권이나 읽느냐보다는 그 책 속에서 내가 무엇을 발견했고 이를 나한테 어떻게 적용시키느냐가 중요하다. 발췌독서, 효율독서 등은 그 다음이다.

4.

내 몸을 좀 더
돌보기 시작했다

집안일, 힘을 쓰는 작업 등 노동을 한다고 체력이 좋아지지는 않는다. 몸을 위하는 행동인 운동과 돈을 위해 움직이는 행위인 노동의 몸 씀씀이는 다르기 때문이다. 20대 때는 뭘 해도 괜찮았다. 새벽 1시에 퇴근해서 술 마시고 놀고 새벽 4시에 귀가 한 후 오전 출근 하는 것쯤은 거뜬했지만, 젊음이 사라지고 체력이 나빠지는 것은 한순간이고 이미 우리의 몸은 그냥 둬도 천천히 나빠지고 있기 때문에, 회복은 더디다.

체력은 30대부터 떨어지기 시작했는데, 아이러니한 사실은 해야 하는 건 자꾸 늘어간다는 것이고 나의 정년은 급박하게 다가올 뿐더러 그 이후의 나의 노년은 아주 길어질 것이라는 사실이다.

젊어서 고생은 사서 한다는 말이 있지만, 젊어서 고생하면 늙어서 몸이 더 고생하고, 일도 그렇지만 노는 것도 '젊어서 하는 게' 최고다.

20대 시절의 일은 즐거웠지만, 과로와 야근이 많은 업무들을 해온 터라 몸을 잘 돌볼 만큼 여유롭지는 않았다. 열심히 일한 결과 얻은 것은 경력과 경험 그리고 '허리 통증'과 '스트레스성 눈 염증'– 30대 초에 발병한 이 친구들은 어느덧 병원에 안 가도 어느 정도 '감'이 오는 경지에 이르렀다. 이제는 이 다양한 증상들을 찬찬히 살펴보면서 내 몸의 어느 부분이 취약하고, 어느 부분이 스트레스에 약한지 확인하고 없애지 못하는 이 친구들을 잘 케어할 방법을 찾게 되었다.

먼저 일부러 줄였던 수면시간을 7시간 내외로 늘렸다. 업무자체도 야근이 많았는데 육아를 함께 하다 보니 내 시간이 통 없어 잠을 줄여서 새벽시간에 내가 뭔가 할 수 있는 시간으로 만들었는데, 아이가 7살 정도 되어 자는 시간이 제대로 적립되면서, 다행히 수면시간을 늘릴 수 있었다.

그 결과 3개월에 한 번씩 찾아오는 눈의 염증도, 다른 스트레스 등도 조금은 잦아들었다.

눈은 어느 정도 안정되었는데 도무지 해결되지 않았던 곳이 바로 허리-. 사무직 종사자라면 어느 정도 다들 가지고 있을 허리통증은 내게도 있었는데, 요가를 하면 좀 낫다가 다시 재발하고, 필라테스를 하면 좀 낫다가 다시 재발하고, 급하게 몸을 움직이다가 한 순간에 안 좋아지는 경우가 다반사였다.

한의원도 다녀보고 재활 의학과도 다녀보고 이곳저곳을 전전해서 최근에 알게 된 건 내가 '근육을 쓰지 않고 관절로 걷고 있다'는 한 도수치료사의 의견이었다.

처음엔 납득이 가지 않았지만 병명을 정확히 이야기하는 그녀의 말에 더 이상 반박할 필요성을 느끼지 못했고, 중력을 지고 근육으로 제대로 서는 법을 배웠다. 그리고 그때 내게 '근육'이 꼭 필요하다는 사실을 알았다.

그래서 지난 여름부터 달리기 시작했다. 천천히 산책부터 하자고 밖으로 나간 것이 계기가 되어 트랙을 달리면 땀이 나고 기분이 좋아진다. 누가 시켜서 하는 운동도 아니니 천천히 걸으면서 내 상태를 체크하고 한번 뛰면서 어느 부분이 당기고 어느 부분이 괜찮은지 파악한다. 걷고 달리고 걷고 달리고… 숨을 헐떡이면서 지금 할 수 있는 만큼에서 조금 더 하는 것을 목표로 두었다.

두 달여가 지나자 헉헉대면서도 뛸 수 있는 거리는 늘어났고 4개월을 꾸준히 뛰었더니 중간중간 쉬는 것이 없어졌다. 7시 이전에 운동과 샤워가 다 끝나는 것으로 세팅해둬서, 남들보다 하루가 깔끔하게 더 빨리 시작되는 기분과 더불어 가장 좋은 점은 몸이 가벼워졌다는 사실이다.

허리가 안 좋으니 움직일 때마다 아프고, 움직일 때마다 아프니 뭔가를 할 때 짜증이 같이 났었는데 이미 새벽에 한 번 움직였던 근육들은 그다음에는 조금 더 부드럽고 원활하게 내가 원하는 방향으로 움직여준다.

새벽 달리기는 가장 최근에 들인 습관으로, 사랑니를 뽑은 다음날 과출혈이 있을까 걱정하던 때를 제외하곤 하루도 빼먹지 않고 지속했고,

어젯밤의 과음에도 새벽에 일어나 해를 보고 온 것을 보니 이제 거의 습관으로 자리 잡은 것 같다.

독서는 평소에도 관심과 신경을 썼던 부분이었지만 운동은 부지불식간에 일어난 일이라, 습관화가 된 자체가 내게도 굉장히 뿌듯했다.

5.

나를 키워나가는 중요한 습관 2
- 달리기

시작- 계기 & 쉽게

1. 계기를 만든다.

무언가 새로운 계기가 있을 때 변화를 도모하기 쉬운데, 육아휴직을 하게 되면서, 아침시간을 바쁘게 했던 요인이 사라진 터였다. 책상 앞에 오래 앉아 있어서 생긴 '허리 고질병'이 지속적으로 나를 괴롭혔지만 꾸준한 운동은 매번 실패한 상태-

'근육이 필요하다'는 이야기를 듣고 운동거리를 찾고 있었는데, 한 책에서 '무라카미 하루키는 24시간 중 1시간을 달리기를 위해 빼둔다.'라는 구절을 읽고 '나도 뛰어볼까?'라는데 생각이 미쳤다. '육아휴직도 시작했으니 아침을 좀 더 상쾌하게 시작하는데 달리는 게 적합하지 않을까?'라는 것이 나의 계기였다.

2. 최대한 쉽게 시작한다.

운동이 필요하다는 생각은 해왔지만, '헬스를 끊을까 권투를 배울까, 아니 육아 휴직 중이라 여유가 없는데 어쩌지…' 이런저런 생각을 하면서 결정은 내리지 못했다. 그렇지만 달리기는 그냥 맨몸으로 나가면 되니까 내가 '움직인다'면 실행은 아주 쉽다. 더군다나 시작한 시기가 '여름'이어서 새벽에 무언가를 하기 딱 좋은 시기이기도 했다.

처음에는 새벽 시간을 조금 할애해 그냥 편한 옷에 모자 하나만 쓰고 집 앞 공원을 가볍게 걷기로 했다.(아무도 안 만나니까 세수고 뭐고 안 한다.) 달리기라고는 하지만, 내 체력의 상태를 알기에, 일단 첫날은 달리기보다는 걷기다.

달리기는 가볍게 한 바퀴 정도?

좀 더 할까? 싶은 생각도 들었지만, 내일도 할 거니까 무리하지 않게 하고 돌아섰다.

지속하기 – 천천히 늘려나간다 / 기록한다

3. 천천히 늘려나간다.

너무 단조로우면 재미가 없고, 너무 힘들면 중간에 포기하고 안 하게 된다. 그래서 '적당히 조금 버거울 정도'라는 기준을 세웠다. 두 바퀴를 며칠 걷고 나서는 한 바퀴를 아주 천천히 달렸고, 다음 날은 속도를 조금 높이고, 뛰는 거리를 살짝 늘리고– 그렇게 조금씩 양을 늘려나갔다.

무언가 '늘어난다는 것'은 내 '발전'을 인식할 수 있게 해주며, 게임같이 'Mission Clear' 미션을 완수했다는 성취감을 느끼게 해준다. 또한 내일의 목표를 자연스럽게 설정할 수 있게 인도한다.

4. 프로세스와 효과를 기록으로 남긴다.

일정한 시간대에 매일 진행하지만, 조금씩 늘려나가고 있으므로 그 효과는 매일 다르다. 누군가의 가이드를 받거나 하는 것은 아니기 때문에,

어느 정도 움직임을 늘리는지 확인하려고 어플리케이션 하나를 활용해 보기로 했다.

굳이 앱을 다운받지 않더라도 아이폰이든 갤럭시든 기본 건강앱은 깔려 있으니 그걸로 시작한다. 처음 2,000걸음 남짓 시작했던 그래프는 이제 6,000걸음을 넘고, 걷기를 지나 달리기로 변화하면서 하루하루의 그래프로 남았다.

5. 어느 정도까지는 끊지 않고 지속한다.

새벽에 나가서 달리는 것이므로 가장 큰 제약은 바로 '날씨'이다. 비가 오면 뛸 수 없다. 그렇지만 하루하루 쌓으면서 뇌 속에 '행동을 자동화시켜' 만들어가는 것이 습관이므로 하루가 사라지면 그 다음이 사라지는 것은 순식간이다.

'비오니까 나가지 말자.'나 '아 오늘은 몸이 별로네 나가지 말까?'로 이어지는 것이다. 아직 습관이 되기도 전에 멈추면 다시 원점이다.

어떻게든 대안을 찾는다. 찾으려고 하면 찾아진다.

내 경우에는 다행히 집 앞 광장형 건물에 비를 맞지 않고 달릴 만한 곳들이 꽤 있어서 그 아래를 뛰면서, '어떻게든 할 방법'을 찾아 끊어지지 않게 3주 정도를 지속했다. 이른 새벽 아무도 없는 상점을 혼자 다니는 것이므로 새로운 정보도 알아낼 수 있어 나름의 재미도 있고, '비가 오는데도 뛰었구나!'라고 생각하면 나 자신이 좀 더 의기양양해진다. 그렇게 빼먹지 않고 한 달을 채웠다.

관심을 쏟고 '하려는 마음'을 먹으면 어떤 식으로든 답이 나온다. 집 앞 트랙에서 우산을 쓰고 걷는 어르신들도 많이 봤으니까―

6. 잘한 나에게 상을 준다.

2주일을 잘 뛰고 난 일요일, 아이의 등교 준비를 할 필요도 없으니, 산책을 조금 더 길게 하고 카페에 들러 좋아하는 밀크티 한 잔을 내게 사줬다. 어려운 일이 좋아하는 일의 결과와 결합되면 더 큰 시너지를 발휘한다고 한다. 하기 싫은 무언가를 하고나면 '하고 싶은 무언가'를 할 수 있게 붙여주면 그 행동이 쉬워진다.

그리고 두 달을 마무리한 날, 내게 러닝화를 사줬다. 이제는 걷기보다 '달리기'에 좀 더 치중한 아침러닝이 되었고 트랙 4바퀴 정도는 쉬지 않고 달릴 수 있게 되었으니 이 정도는 해줘야겠다고 생각했다. 여름에 대충 시작한 달리기라 슬립온에 맨발로 뛰었었는데, 두툼한 양말에 밑창까지 폭신폭신 하니 더 달릴 수 있겠다는 생각이 들면서 다시 힘이 났다.

7. 슬럼프가 있다면 방법을 조금 바꿔본다.

한 달을 다 뛰고 나서 '우와~.' 하고 생각되었다고 그 다음 날 자동적으로 일어나서 나가질까? 여름이 지나고 가을이 오니 새벽 온도가 금세 내려갔다. 춥고 어두워지면 나가기 싫은 것이 인지상정- 거기다 매일매일 쉬지 않고 뛰었는데도, 어느 순간 갑자기 뛰지 않고 싶은 날도 있다. 내게도 그런 날은 있었다. '이게 뭐라고 이렇게 기를 쓰고 힘들게 하지?'라는 생각이 든다거나 '그냥 오늘은 좀 쉴까?' 이런 날 말이다.

이유 없이 아무것도 하기 싫은 날은 '오늘은 뛰지 말고 잠깐 걷기만 하자.'라고 나를 달래며 밖으로 나갔다. 그러다가 공원 트랙 앞으로 갔더니 발이 어느새 뛰고 있었다. 하기 싫어도 나온 나 칭찬 한 번, 달리고 있는 나 칭찬 두 번- 이 날의 생각과 경험도 '나를 위한 기록'으로 남겨둔다. 다음에 또 이런 생각이 들 때 활용할 수 있도록-

8. 자랑한다.

친구들에게, 지인들에게, 그리고 인스타그램으로 '달리기를 시작했다'고 알렸다. 운동에 대한 로망은 누구나 있기 때문에 한 번쯤은 관심을 보여준다. '상쾌하고 좋더라고, 계속 하려고.' 내가 스스로 하는 말은 나에게 '자각'이 되고 나를 만드는 힘이 된다. 매일의 기록에 '아침 달리기 기록'을 추가했고 수치가 쌓이는 것을 내가 '확인'하면서 즐거워졌다.

주위 사람들의 "아직도 해? 대단하다."라는 말은 조금 더 힘이 된다.

9. 조금 변형한다.

습관이 되었다고 해도, 특정 시간에 한정되어 있고 그것이 한 번 무너지면 다시 몸이 '편한' 상태로 돌아가는 것은 시간 문제다. 아침에 뛰지 못한 건 딱 하루, 그때에는 낮에 그만큼의 시간을 더 걸었다.

지금은 트랙을 6바퀴 돌고, 건너 공원에서 해가 뜨는 것을 보고 오는 것으로 코스가 바뀌었다. 산책의 장점은 과학적으로도 증명되었다는데, 걷는 것을 그다지 좋아하지 않던 내가 이제는 러닝 후 산책도 하게 되었다.

달리면서 보이기 시작하는 '해'가 어디서 뜨는지 확인할 요량으로 트랙의 반대쪽으로 가봤다. 집 앞에 있었음에도 3년 동안 한 번도 가보지 않았던 공원, 공원에는 갈대밭이 가득했고, 일출까지 보이는 멋진 스팟이었다. 발견의 재미까지 쏠쏠했다.

그렇게 아직도 나의 새벽 러닝은 계속되는 중이다. 어느덧 겨울이 되어 날씨가 너무 추워진 날에는 러닝머신이 있는 피트니스 센터로 장소는 바뀌었다. 러닝에 한번 관심을 가지기 시작하니 다양한 것들이 눈에 보이기 시작한다. 트랙을 어느 정도 뛰는 게 괜찮아지면 이제 하프 마라톤처럼, 함께 달리고 기록을 세우는 것에 도전해보자는 생각도 하게 되었다.

꾸준히 하면서 발전해나간다. 이 느낌이 너무 좋다.

6.

시작하고 싶은 습관이 있다면, 지금이 그때다

"언젠가 라는 말은 당신이 꿈만 꾸다가 생을 마감하게 할 병이다."

― 『나는 4시간만 일한다』, 팀 페리스

『타이탄의 도구들』이라는 책으로 전 세계인의 멘토로 자리잡은 팀 페리스는 자신의 성공법에 대해 쓴 책 『나는 4시간만 일한다』에서 어떤 일이든 시도해야 알 수 있다고 했다. 그의 제안은 "어떤 일이든 시작해도 크게 실패하지 않는다. 그냥 해보라. 의외로 당신에게는 큰 힘이 있다."

인데 리스크가 적지 않은 일이라, 이를 실행하기에는 두려움이 앞서는 사람이 많을 것이다.

이에 비해 내 제안은 조금 더 쉽고 간단하다. 회사를 그만두라거나 해외로 이주하라는 것이 아니다. '습관을 만들어보자'는 것이다. 내가 원하는 방향대로 습관을 만드는 것은 지금 내가 '나 자신'을 위해 스스로 할 수 있는 가장 개인적이고도 가장 가치 있는 일일 수 있다.

오늘이 새해라서, 오늘이 내 생일이라서, 오늘 이 책을 읽어서― 어떤 계기라도 괜찮다. 결심만 하고 움직이기만 하면 된다.

나는 충분히 할 수 있는 힘을 가지고 있다.

그 믿음을 가지고 지금부터 시작하자. 습관을 바꾸는 시기는 '결심'을 한 지금부터다.

어떤 습관을 고치고 싶은가? 혹은 어떤 습관을 새로 만들고 싶은가? 변화하고 싶은 습관을 정했다면 이를 가장 쉽고 간단히 할 수 있는 방법을 찾는다. 버리고 싶은 습관이라면 이 유혹에서 가장 멀리 있을 수 있는 방법을 찾는다. 한동안은 이를 '의식'하면서 행동하고, 무심코 그 행동에 이를 때까지 가시화를 통한 성취감, 보상, 처벌 등을 병행한다.

어느 정도 무의식으로까지 진행하게 되었다면, 며칠간은 괜찮겠지만 뇌는 어느 순간 그 익숙함에 '지루함'을 느끼게 될 것이다. 그때 다시금 변화를 통해 지루함을 새롭게 느껴지도록 바꾼다.

100% 완벽하게 바꿀 수 있는 습관은 없다고 해도 과언은 아니다. 80% 정도 완성하고 나면 이를 변형시켜 나가면서 나에게 맞게 정립해나간다고 생각하는 게 현명하다.

여건이 좋지 않을 때 부득이하게 습관 진행이 끊어지는 경우가 생긴다. 이때는 상황도 안 좋은데, 계획대로 실행하지 못하는 것으로 스트레스를 받으면서 이중고통을 당하지 말고 상황을 인정하고 이를 최소화하여 짧게 휴지기를 넘어갈 방법을 고민하자.

나이가 들고, 다양한 주변 상황과 환경에 따라 변화하듯, 습관 또한 나에게 맞게 변화시키면서 꾸준히 나와 균형을 맞추면서 바꾸어가야 한다.

"하루에 1퍼센트가 나아지거나 나빠지는 건

그 순간 의미가 없어 보일지라도

이것이 끊임없이 이어지면

이것으로 '삶의 차이'가 결정난다."

해보지 않으면 겉보기만으로는 절대로 알 수 없는 것들이 있다. 지속적으로 독서를 하고 리뷰를 써가면서 어느 순간부터 내용이나 구성이 조금 허술한 책을 읽었을 때 '이런 책이면 나도 쓰겠다.'라고 생각을 하곤했다. 그렇지만 막상 내 글을 쓰려고 하니 내가 얼마나 오만했는지 깨달았다. 어느 하나도 쉽게 넘어가는 부분이 없었다.

보는 것은 쉽다. 내가 플레이어가 아니라 전체적인 상황을 조망할 수 있는 곳에 있으니 전지전능하게 다 아는 것 같고, 가끔은 주제넘게 훈수를 두기도 한다. 그렇지만 내가 플레이어가 되어서 그 속으로 들어가게 되면 상황은 180도 바뀐다.

일단, 하고 싶은 것과 할 수 있는 것에 확연한 차이가 있다는 것을 알게되었다. 머릿속에는 세상을 바꿀 것 같은, 누구라도 설득시켜 감동을 주게 할 것 같은 이야기들이 가득 차 있다고 생각했지만 막상 펼쳐지는 이야기들은 어디서 본 듯한 평이한 것들뿐이다.

그렇지만 어려운 일을 할 때 언제나 그러했듯 도망치지 않고 매일 책상 앞에 앉아 꾹 참고 글을 써내려갔고, 써내려간 글들을 보고, 또 보고, 다시 봤다.

미니멀라이프, 시간 관리, 멘탈 관리, 관계, 일 그리고 습관까지- 지난 5년간의 경험이 주된 이야기이긴 하지만 이 책에는 지금의 나를 '만들어 낸' 모든 것이 들어 있다고 해도 과언이 아니다. 내 인생의 6가지 주요 축과 기준을 정리하면서 나 또한 조금 흐트러진 내 모습을 다잡게 되었고, 이는 이후의 방향성에 대해 한 번 더 고민하는 계기가 되기도 했다.

어제의 나와 오늘의 내가 다르고, 아마 내일의 나도 다를 것이다.
속도가 아닌 꾸준함으로 하나의 방향을 향해 천천히 걸어간다.

나를 다정하게 때때로 단호하게 이끌어줄 수 있는 사람은 나 자신뿐이다.
나는 충분히 할 수 있는 능력이 있다. 단지 마음먹지 않았을 뿐이다.

매일 매일의 경험과 노력으로 나를 어제보다 조금 더 멋진, 내가 원하는 '나'의 모습으로 만들어낼 수 있기를 바란다. '온전하고 나다운 삶'을 살 수 있기를 바란다.

평화로울 때, 기쁠 때, 혹은 힘들거나 슬플 때에도
가끔 이 구절을 떠올린다.

"삶은 향연이다. 너는 초대받은 손님이다. 귀한 손님답게 우아하게 살아가라."

—『아침의 피아노』, 김진영

Life   Time   Mental   Relation   Work   Habit

Defie

디지털 플래너

샘플

2023 Aims	Habit &Develop			Work &Project				Childcar

March	Habit &Develop			Work &Project				Childcar
Montly Result	Time Management (Hours)							Aim
	work	habit	child	Study	Selfcare	play	House	habit.

3-1	Wed			
3-2	Thu			
3-3	Fri			
3-4	Sat			
3-5	Sun			
3-6	Mon			
3-7	Tue			
3-8	Wed			
3-9	Thu			
3-10	Fri			
3-11	Sat			
3-12	Sun			
3-13	Mon			
3-14	Tue			
3-15	Wed			
3-16	Thu			
3-17	Fri			
3-18	Sat			
3-19	Sun			
3-20	Mon			
3-21	Tue			
3-22	Wed			
3-23	Thu			
3-24	Fri			
3-25	Sat			
3-26	Sun			
3-27	Mon			
3-28	Tue			
3-29	Wed			
3-30	Thu			
3-31	Fri			

Time

House & living
Relation & play
Self-care &rest
Study &reading
child care
Work &Project
Habit &Develop

0   0.2   0.4

Habit &Develop

100.00%
80.00%
60.00%
40.00%
20.00%   0.00% 0.00% 0.00% 0.00% 0.00%
0.00%

W1   W2   W3   W4   W5

Study & Reading

	W1	W2	W3	W3	W5	total
						0
						0
						0
						0
						0
						0
						0

Study & Reading			self-care & rest			Relation & play			House & living		

Study & Reading			self-care & rest			Relation & play			House & living		

Performance Analysis											
ork & Project			child		Study & Reading			self-care			house

	Aim

100.00%					
80.00%					
60.00%					
40.00%					
20.00%					
0.00%	0.00% 0.00% 0.00% 0.00% 0.00%				F!
	W1	W2	W3	W4	W5

0.8   1

Performance Analysis											
ject						Childcare					
					0						0
					0						0
					0						0
					0						0
W1	W2	W3	W3	W5	total		W1	W2	W3	W3	W5	total
& rest						House & Living					
					0						
					0						
					0						
					0						0
					0						0
					0						0
					0						0
W1	W2	W3	W3	W5	total		W1	W2	W3	W3	W5	total

Week 1

Weekly Aim	2023. 2. 27	2023. 2. 28	2023. 3. 1	2023. 3. 2	2023. 3. 3	2023. 3. 4	2023. 3. 5
☐ ☐ ☐							
Weekly To do	To do list	To do list	To do list	To do list	To do list	To do list	To do list
☐ ☐ ☐ ☐ ☐ ☐ ☐ ☐	Time Table	Time Table	Time Table	Time Table	Time Table	Time Table	Time Table
☐ ☐ ☐ ☐ ☐ ☐	0 1 2 3 4 5 6 7 8 9 # # # # # # # # # # # # #	0 1 2 3 4 5 6 7 8 9 # # # # # # # # # # # # #	0 1 2 3 4 5 6 7 8 9 # # # # # # # # # # # # #	0 1 2 3 4 5 6 7 8 9 # # # # # # # # # # # # #	0 1 2 3 4 5 6 7 8 9 # # # # # # # # # # # # #	0 1 2 3 4 5 6 7 8 9 # # # # # # # # # # # # #	0 1 2 3 4 5 6 7 8 9 # # # # # # # # # # # # #
Review	Memo	Memo	Memo	Memo	Memo	Memo	Memo

Time Management

ITems	월	화	수	목	금	토	일	Total
Habit &Develop								0
Work &Project								0
child care								0
Study &reading								0
Self-care &rest								0
Relation & play								0
House & living								0

Check

Aim & Do

2023 목표	Monthly action	weekly action	월	화	수	목	금	토	일	Total
1										
2										
3										
4										
5										
6										
7										
8										
9										
#										

Habit & Develop

Items	월	화	수	목	금	토	일	Total
1								
2								
3								
4								
5								
6								
7								
8								
9								
#								

Work&Project

	월	화	수	목	금	토	일	Total
								0
								0
								0

Childcare

	월	화	수	목	금	토	일	Total
								0
								0
								0

Study & Reading

	월	화	수	목	금	토	일	Total
								0
								0
								0
								0
								0

Self care & rest

	월	화	수	목	금	토	일	Total
								0
								0
								0
								0
								0
								0

Relation & Play

	월	화	수	목	금	토	일	Total
								0
								0
								0
								0

House & Living

	월	화	수	목	금	토	일	Total
								0
								0
								0
								0

Week 2

Weekly Aim	2023. 3. 6	2023. 3. 7	2023. 3. 8	2023. 3. 9	2023. 3. 10	2023. 3. 11	2023. 3. 12
☐ ☐ ☐							
Weekly To do	To do list	To do list	To do list	To do list	To do list	To do list	To do list
☐ ☐ ☐ ☐ ☐ ☐ ☐ ☐							
	Time Table	Time Table	Time Table	Time Table	Time Table	Time Table	Time Table
☐ ☐ ☐ ☐ ☐ ☐ ☐ ☐ ☐ **Review**	0 1 2 3 4 5 6 7 8 9 # # # # # # # # # # # # # # #	0 1 2 3 4 5 6 7 8 9 # # # # # # # # # # # # # # #	0 1 2 3 4 5 6 7 8 9 # # # # # # # # # # # # # # #	0 1 2 3 4 5 6 7 8 9 # # # # # # # # # # # # # # #	0 1 2 3 4 5 6 7 8 9 # # # # # # # # # # # # # # #	0 1 2 3 4 5 6 7 8 9 # # # # # # # # # # # # # # #	0 1 2 3 4 5 6 7 8 9 # # # # # # # # # # # # # # #
	Memo	Memo	Memo	Memo	Memo	Memo	Memo

Time Management

ITems	월	화	수	목	금	토	일	Total
Habit &Develop								0
Work &Project								0
Child care								0
Study &reading								0
Self-care &rest								0
Relation & play								0
House & living								0
								0

Check

Aim & Do

2023 목표	Monthly action	weekly action	월	화	수	목	금	토	일	Total
1										
2										
3										
4										
5										
6										
7										
8										
9										
#										

Habit & Develop

Items	월	화	수	목	금	토	일	Total
1								
2								
3								
4								
5								
6								
7								
8								
9								
#								

Work&Project

	월	화	수	목	금	토	일	Total
								0
								0
								0

Childcare

	월	화	수	목	금	토	일	Total
								0
								0
								0

Study & Reading

	월	화	수	목	금	토	일	Total
								0
								0
								0
								0
								0
								0

Self care & rest

	월	화	수	목	금	토	일	Total
								0
								0
								0
								0
								0
								0

Relation & Play

	월	화	수	목	금	토	일	Total
								0
								0
								0
								0

House & Living

	월	화	수	목	금	토	일	Total
								0
								0
								0
								0

Time analysis

시간		한 일	의미	필요여부
00:00	00:30			
00:30	01:00			
01:00	01:30			
01:30	02:00			
02:00	02:30			
02:30	03:00			
03:00	04:00			
04:00	04:30			
04:30	05:00			
05:00	05:30			
05:30	06:00			
06:00	06:30			
06:30	07:00			
07:00	07:30			
07:30	08:00			
08:00	08:30			
08:30	09:00			
09:00	09:30			
09:30	10:00			
10:00	10:30			
10:30	11:00			
11:00	11:30			
11:30	12:00			
12:00	12:30			
12:30	13:00			
13:00	13:30			

13:30	14:00			
14:00	14:30			
14:30	15:00			
15:00	15:30			
15:30	16:00			
16:00	16:30			
16:30	17:00			
17:00	17:30			
17:30	18:00			
18:00	18:30			
18:30	19:00			
19:00	20:00			
20:00	20:30			
20:30	21:00			
21:00	21:30			
21:30	22:00			
22:00	22:30			
22:30	23:00			
23:00	23:30			
23:30	00:00